DIE TODES ENGEL

STEFAN REHDER

Euthanasie
auf dem Vormarsch

DIE TODES ENGEL

STEFAN REHDER

Euthanasie
auf dem Vormarsch

SANKT
ULRICH
VERLAG
GmbH

Bibliographische Information der Deutschen Bibliothek

Die Deutsche Bibliothek verzeichnet diese Publikation in der
Deutschen Nationalbibliographie; detaillierte bibliographische Daten
sind im Internet über http://dnb.ddb.de abrufbar.

© 2009 by Sankt Ulrich Verlag GmbH, Augsburg
Alle Rechte vorbehalten
Titelbild: panthermedia
Umschlaggestaltung: uv media werbeagentur
Mediengruppe Sankt Ulrich Verlag, Augsburg
Druck und Bindung: Ludwig Auer GmbH, Donauwörth
Printed in Germany
ISBN 978-3-86744-083-7
www.sankt-ulrich-verlag.de

Für Andreas

„[Der Arzt] soll und darf nichts anderes thun, als Leben
erhalten; ob es ein Glück oder ein Unglück sey, ob es
Wert habe oder nicht, dies geht ihn nichts an. Und maßt
er sich an, diese Rücksicht in sein Geschäft aufzunehmen,
so sind die Folgen unabsehbar, und der Arzt wird der
gefährlichste Mensch im Staat."

Der Arzt, Freimaurer und Illuminat
Christoph Wilhelm Hufeland
(1762–1836)

Inhalt

Vorwort

Die Macht des Menschen, aus sich zu machen, was ihm beliebt, bedeutet die Macht einiger weniger, aus anderen zu machen, was ihnen beliebt."

Clive Staples Lewis
„Die Abschaffung des Menschen"

Müssen wir uns wirklich mit dem Tod beschäftigen? Gibt es nicht viel Angenehmeres und vor allem Wichtigeres, mit dem zu befassen sich lohnt? Fragen wie diese sind ohne Zweifel erlaubt. Neu sind sie nicht. Schon der griechische Philosoph Epikur von Samos (341–270 v. Chr.) stellte sie sich. In dem berühmten Brief an seinen Schüler Menoikeus beantwortet er sie so: „Das schauerlichste Übel also, der Tod, geht uns nichts an, denn solange wir existieren, ist der Tod nicht da, und wenn der Tod da ist, existieren wir nicht mehr." Dieser schon damals gewagten These kann sich heute niemand mehr anschließen. Das gilt ganz unhabhängig davon, ob Epikur richtig lag oder ob uns – wie Christen, Juden und Muslime glauben – das Leben mit dem Tod statt genommen, nur gewandelt wird. Denn in Gesellschaften, die damit begonnen haben, den Tod zuzuteilen, geht der Tod notwendig alle an.

Bis weit in das 20. Jahrhundert hinein war der zugeteilte Tod so etwas wie ein Markenzeichen von Diktatoren und Despoten: Tyrannen, denen allenfalls das eigene Leben heilig war, und die daher mit dem Leben anderer – rücksichts- und mitleidslos – verfuhren, wie es ihnen beliebte. Heute, zu Beginn des 21. Jahrhunderts, wird der zugeteilte Tod, in erster Linie ärztlich verordnet, getarnt unter dem Deckmantel des Mitleids, weltweit jedes Jahr millionenfach dem noch ungeborenen im Mutterleib und inzwischen – immer öfter – auch längst geborenen Menschen.

Gerechtfertigt wird der zugeteilte Tod mit dem Selbstbestimmungsrecht des Menschen. Dieses erlaube ihm, nicht nur die ungewollte Existenz eines anderen Menschen, der ohne seine Hilfe nicht weiter existieren kann, zu vernichten, sondern auch die eigene.

Das ist brutal, aber wenigstens konsequent. Vor allem aber ist es dumm. Denn da die Selbstbestimmung das Selbst, welches es zu bestimmen gilt, notwendig voraussetzt, kann die Vernichtung dieses Selbst unmöglich noch als Akt selbstbestimmten Handels betrachtet werden.

Darum dieses Buch. Es will zeigen, daß die in vielen Ländern Europas auf dem Vormarsch befindliche Euthanasie – sei es in der Gestalt der „Tötung auf Verlangen", sei es als „ärztlich assistierter Suizid", sei es in Form des von selbsternannten Sterbehelfern „begleiteten Suizids" – in Wirklichkeit ein Akt radikaler Fremdbestimmung ist.

Die, wenn ihr kein Einhalt geboten wird, über kurz oder lang nicht nur den Beruf des Arztes pervertiert, zu dessen Aufgaben das Heilen, Lindern und Trösten, nicht aber das Töten zählt, sondern die auch ein gedeihliches Zusammenleben der Menschen unmöglich machen wird.

Daß es überhaupt soweit kommen konnte, hängt sicher auch mit einer weitreichenden Verdrängung von Leid, Sterben und Tod zusammen, die sich in modernen Gesellschaften beobachten läßt. Bereits 1978 hat der französische Mediävist Philippe Ariés (1914–1984) in seinem bahnbrechenden kulturhistorischen Werk „L'homme devant la mort" (dt.: Die Geschichte des Todes[1]) aufgezeigt, wie sich im 20. Jahrhundert die Tabuisierung des Todes in der westlichen Welt vollzog. Aus zwanzigjähriger Forschungsarbeit, in der Ariés eine Fülle archäologischer, literarischer und liturgischer Quellen gesichtet, Sterberiten und Bestattungsbräuche untersucht, die Geschichte großer städtischer Friedhöfe studiert und zahlreiche Testamente durchforscht hat, ist eine Mentalitätsgeschichte des Wandels unserer Einstellungen zu Tod und Sterben entstanden. Demnach hat unser Umgang mit Sterben und Tod im vergangenen Jahrhundert gravierende Zäsuren erfahren: Früher sei dem Tod mit einem öffentlichen Zeremoniell begegnet worden, heute sei er hingegen mehr und mehr zur Privatsache der engsten Verwandten geworden. Während die gemeinsame Trauer um den Verstorbenen und das Sich-Trost-Spenden in früheren Zeiten wie selbstverständlich im öffentlichen Raum stattgefunden hätten, werde heute meist darum gebeten, von Beileidsbekundungen am Grabe abzusehen. Wir haben – so Ariés – den Tod aus unserer hochtechnisierten Gesellschaft verbannt und zunehmend bürokratisiert.

Schon jetzt ist der Tod als „Therapie des Lebens" zu einer Ware geworden, welche – käuflich und handelbar – interessierten Konsumenten von unterschiedlichen Anbietern, die mal um mehr und mal um weniger Seriosität bemüht sind, zu unterschiedlichen Konditionen feilgeboten wird.

Daß sie in diesem Buch auch „Todesengel" genannt werden, hat seinen Grund. Nach christlichem Verständnis sind Engel Diener und Boten Gottes. Als rein geistige Geschöpfe verfügen sie über Verstand und Willen. In den biblischen Berichten und Erzählungen greifen die Engel auf vielfache Weise in die Geschichte der Menschen ein, als Künder oder Überbringer göttlicher Botschaften aber auch als Beschützer und Begleiter in Not und Gefahr. Dennoch kennt die Bibel keine „Todesengel".

In unserer gegenwärtigen Welt, in der Gott ebenso wie das Heil der Seele weithin aus dem Blickfeld vieler Zeitgenossen geraten sind, dienen sich selbsternannte Suizidbegleiter notleidenden Menschen als Beschützer vor weiterem Leiden und als Begleiter auf ihrer letzten Wegstrecke an. Die, die sich in ihrer Not auf sie stützen, weisen ihnen dabei bisweilen eine engelähnliche Rolle zu. Manche scheinen damit gar ihren Lebensunterhalt verdienen zu können. Doch was sie bieten können, ist nicht das Heil, sondern bloß der Tod. Insofern bringt die Metapher des Todesengels sowohl die hinter den Angeboten der Suizidbegleiter stehende Anmaßung als auch die Verlassenheit ihrer Abnehmer zum Ausdruck.

Manche von ihnen glauben gar, es gebe so etwas wie ein „Menschenrecht" auf Suizid. Dieses Buch zeigt, wenn dem tatsächlich so wäre, müßte konsequenterweise allen alles erlaubt sein.

Vor allem aber würde – so lautet eine der Kernthesen dieses Buches – unter den Bedingungen des demographischen Wandels und des daraus resultierenden Kostendrucks im Gesundheitswesen aus dem vermeintlichen Recht, selbst entscheiden zu können, wann man aus dem Leben scheidet, sehr schnell die Verpflichtung werden, dies genau dann „zu wollen", wenn andere dies für ökonomisch geboten halten.

Mit dem britischen Literaten Clive Staples Lewis (1898–1963) ist der Autor überzeugt, daß die ungezügelte „Macht des Menschen, aus sich zu machen, was ihm beliebt", in Wahrheit bloß „die Macht einiger weniger" meint, „aus anderen zu machen, was ihnen beliebt."

Dabei beschränkt sich das Buch nicht darauf, den Zusammenhang aufzuzeigen, der nach Ansicht des Autors zwischen dem mangelnden Respekt vor dem fremden wie dem eigenem Leben, der auf dem Vormarsch befindlichen Euthanasie und dem damit verbundenen wachsenden Zwang zu einer sozialverträglichen Selbstentsorgung besteht; es will auch für Alternativen werben, die mit der Entwicklung der Palliativmedizin und der Hospizbewegung längst existieren, aber immer noch zu wenig bekannt sind.

Erst wenn es gelingt, die Palliativmedizin mit ihrem ganzheitlichen Ansatz zu einem unverzichtbaren Bestandteil ärztlichen Handelns zu machen – an Kliniken genauso wie in Hausarztpraxen –, wird die Gefahr beherrschbar, daß aus Heilern Gesellschaftsingenieure werden, die sich mit den ihnen zur Verfügung stehenden Möglichkeiten der vorzeitigen Beendigung des Lebens anderer in den Dienst von Mächtigen oder auch bloß der eigenen Profitsucht stellen.

„Das Verbrechen, das zu begehen man sich anschickt, ist manchmal so furchtbar, daß der Vorwand der Nation nicht ausreicht und man sich auf die Menschheit berufen muß", heißt es in den Aphorismen des kolumbianischen Philosophen Nicolás Gómez Dávila (1913–1994). Und um nichts weniger geht es in diesem Buch.

Aachen, im März 2009
Stefan Rehder

Kapitel 1

Menschen haben Spätzündung: Sie begreifen alles erst in der nächsten Generation."

Stanislaw Jerzy Lec
„Unfrisierte Gedanken"

Heute ihr, morgen wir?"

Wie der demographische Wandel, eine wachsende Lebenserwartung, steigende Gesundheitskosten und massenhafte Abtreibungen der Euthanasie den Weg ebnen.

Nur in kranken Gesellschaften sterben Menschen gesund. So wie in Aldous Huxleys Roman „Schöne neue Welt". In der dystopischen Erzählung scheiden die Menschen aus dem Leben, bevor sie ernsthaft erkranken und die Wiederherstellung ihrer Gesundheit Kosten verursacht.

In staatlichen Reproduktionsfabriken, in fünf verschiedenen Modellreihen (Alpha, Beta, Gamma, Delta und Epsilon) gemäß dem Bedarf der Wirtschaft erzeugt, werden sie von klein auf einer umfangreichen „Normung" unterzogen. Früh sexualisiert und auf Konsum geeicht, wird ihnen bei Besuchen der „Moribundenklinik" auch die Bereitschaft zum vorzeitigen Ableben anerzogen.

Als bei einem dieser Ausflüge eine Gruppe Kinder zwischen den fernsehenden und drogenkonsumierenden Sterbenden plötzlich eine Frau entdeckt, die viele Jahre in einem Reservat unter „Wilden" lebte, sind die Kinder völlig schockiert: „Noch nie hatten sie ein Gesicht gesehen, das gleich diesem nicht mehr jugendlich und glatthäutig war, noch nie einen Körper, der nicht mehr schlank und elastisch war. Alle diese sterbenden Sechzigerinnen sahen aus wie Sechzehnjährige".[1]

Zugegeben, so weit sind wir noch nicht. Auch wenn sich in den westlichen Gesellschaften längst eine ganze Reihe von Parallelen zu Huxleys „Schöner neuen Welt" ziehen läßt – angefangen beim Jugendlichkeitswahn und der Verherrlichung des Konsums, über die nahezu vollständige Entkoppelung von Sexualität und Fortpflanzung bis hin zur Verlagerung der Kinderziehung aus den Familien in staatliche Einrichtungen und der Verbannung von Kranken und Sterbenden aus ihrem sozialen Umfeld. Doch in Huxleys „Schöner neuen Welt" haben all diese Phänomene ein Ausmaß erreicht, das kaum noch steigerbar erscheint.

Gleichwohl wäre es fatal, unsere Gesellschaft schon deshalb bei bester Gesundheit zu wähnen. Dies gilt um so mehr, als Huxley die menschenverachtende Ordnung, die er in seinem 1932 erschienenen Roman beschreibt, in einer sehr fernen Zukunft angesiedelt hat; genauer um das Jahr 2540.[2] Berücksichtig man dies, dann scheint es beinah, als eile uns die von Huxley entworfene Zukunft mit Riesenschritten entgegen.

Selbst in Deutschland, das wie kaum ein anderes Land Erfahrungen mit der Euthanasie gemacht hat, wird die Forderung nach einem „sozialverträglichen Frühableben" (Karsten Vilmar) seit ein paar Jahren immer vernehmbarer. So führte etwa der Bonner Strafrechtler Günther Jakobs auf einem im April 2004 vom Bonner Institut für Gesellschaftswissenschaften Walberberg im Kölner Maternushaus veranstalteten Symposium „Sterbehilfe in der Industriegesellschaft" aus, statistisch betrachtet fielen mehr als die Hälfte der Gesundheitskosten, die ein Mensch während seines Lebens verursache, in den letzten beiden Jahren an, und fügte hinzu: „Das können wir doch nicht einfach so fortschreiben."[3]

Wie die Abhilfe aussehen müsse, die hier zu leisten sei, wußte der Jurist auch. Sei der Strafbestand der „Tötung auf Verlangen" erst einmal abgeschafft – was, so Jakobs weiter, „in absehbarer Zeit" geschehen werde –, sei eine neue gesetzliche Regelung notwendig. Diese müsse sich an „objektiven Mustern" orientieren. Was Jakobs unter „objektiv" verstand, führte der Strafrechtler in der sich an sein Referat anschließenden Aussprache aus: Beurteilten mehrere Ärzte das weitere Leben eines Patienten als „sinnlos", dann könne auch der subjektive Wunsch des Patienten, nicht getötet zu werden, die Ärzte nicht verpflichten, zu unterlassen, was in einem solchen Fall angezeigt sei.[4]

Trotz derart defensiver Formulierungen bestand kein Zweifel über das Gemeinte: Der Legalisierung einer „Tötung auf Verlangen" muß nach Ansicht des Juristen die „Tötung ohne Verlangen" auf dem Fuße folgen.

Dem ebenfalls auf dem Podium sitzenden Straubinger Krebschirurgen Heinrich Männle, der einwarf, er sei zwar „nicht blauäugig genug" anzunehmen, „daß die Euthanasie nicht komme", hoffe aber, die Ärzte entzögen sich einem solchen Auftrag, wenn ihnen klar würde, daß sie „nur benutzt" würden, beschied Jakobs kühl: „Die Ärzte machen das schon. Eine Profession, die keine Probleme damit hat, jährlich rund 200.000 Embryos zu töten, wird auch mit der Tötung auf Verlangen keine unüberwindbaren Probleme haben – vorausgesetzt, die Gebührenordnung stimmt."[5]

Ärzte wie Alois Geiger. In seiner Praxis in Regensdorf in der Schweiz, eine halbe Autostunde von Zürich entfernt, führt der Facharzt für Gynäkologie und Geburtshilfe nicht nur Abtreibungen durch. Der Arzt, der die Möglichkeit, sein Leben selbst zu beenden, für „ein Menschenrecht" hält, verschreibt Mitgliedern der Sterbehilfeorganisation „Dignitas" dort auf Wunsch auch schon Mal Natriumpentobarbital. Das für Normalsterbliche nicht mehr erhältliche Arzneimittel wurde früher in sehr geringen Dosen auch beim Menschen „für Kurznarkosen, als Schlaf- oder Beruhigungsmittel" eingesetzt. Heute verwenden laut „Dignitas"-Gründer Ludwig A. Minelli vor allen Veterinäre Natriumpentobarbital, „um Tiere einzuschläfern".[6]

„Ich weiß, daß meine Tätigkeit von vielen Menschen gar nicht gerne gesehen wird. Diese Leute sind sich sicher, daß der Mensch kein Recht darauf haben darf, sein Leben selber zu beenden. Es ist denen auch klar, daß ein Arzt nie und nimmer ein Mittel zum Tode hin verschreiben darf, weil er doch dazu da sei, Leben zu retten." Da geistere „noch immer der Hippokratische Eid dem einen oder andern durch den Kopf",[7] behauptet Geiger.

Laut dem emeritierten Universitätsprofessor Manfred Balkenohl, einem katholischen Moraltheologen, der sich eingehend mit dem Hippokratischen Eid auseinandergesetzt und kürzlich eine Neuübersetzung vorgelegt hat, handelt es sich bei dem Eid um ein Gebet, das der griechische Arzt Hippokrates von Kós (460–377 v. Chr.) seine Schüler sprechen ließ. Mit ihm riefen die jungen Ärzte die griechischen Heilgötter Apollon, Asklepios, Hygieia und Panakeia an und schworen, diese zu Zeugen nehmend, die erlernte Kunst ausschließlich zum Nutzen und niemals zum Schaden ihrer Patienten einzusetzen. Die entscheidende Passage lautet: „Nie werde ich jemandem, auch auf Verlangen nicht, ein tödlich wirkendes Gift geben und auch keinen Rat dazu erteilen; gleicherweise werde ich keiner Frau ein fruchtabtreibendes Mittel geben: Heilig und fromm werde ich mein Leben bewahren und meine Kunst."[8]

Alois Geiger, der den Hippokratischen Eid für „schlichtweg zum größten Teil überholt" hält, hat diesen – wie die meisten heutigen Ärzte – nie geleistet. Weil jedoch der Schutz des Lebens unteilbar ist, wundert es nicht, daß der Grieche Hippokrates sowohl die Abtreibung als auch die Tötung auf Verlangen verwarf, während der Schweizer Geiger beides für akzeptabel hält. Warum dies so ist, werden wir später sehen. Hier wollen wir uns zunächst mit der Behauptung begnügen, daß die Legalisierung der vorgeburtlichen Kindstötung mit dafür verantwortlich ist, daß die Euthanasie auf dem Vormarsch ist, und uns anstatt der Ethik nun zunächst dem demographischen Wandel zuwenden.

Zwei Jahre lang hat dieser die Gemüter der Deutschen erhitzt. Dann ist die Debatte sang- und klanglos versandet. Ein Luxus, den wir uns – glaubt man Büchern wie „Das Methusalem-Komplott" und „Kinderlos" (beide 2004) sowie „Die ausgefallene Generation" (2005) und „Minimum" (2006) – jedoch gar nicht leisten können. Dennoch, derzeit scheinen nicht einmal dramatische Meldungen dazu angetan, das Thema dorthin zurückzubringen, wo es hingehört. Nämlich ganz oben auf die politische Agenda.

Ein Beispiel: Die alarmierende Nachricht, bis zum Jahr 2060 werde sich die Zahl der Pflegebedürftigen von derzeit zwei Millionen auf dann rund vier Millionen Menschen verdoppeln, hat bislang kaum nennenswerte Beachtung gefunden. Dabei liefert die Studie, die das

Forschungszentrum Generationsverträge der Albert-Ludwigs-Universität Freiburg kürzlich vorstellte, eine ganze Reihe wichtiger Erkenntnisse. Unter dem Titel „Älter gleich kränker? Auswirkungen des Zugewinns an Lebenserwartung auf die Pflegewahrscheinlichkeit" hat der Volkswirtschaftler Tobias Hackmann verschiedene Szenarien auf Grundlage der vom Statistischen Bundesamt vorausberechneten Bevölkerungsentwicklung errechnet. Danach wird die Zahl der Pflegebedürftigen im günstigsten Fall auf rund 2,64 und im schlechtesten auf rund sieben Millionen Menschen ansteigen. Am wahrscheinlichsten ist laut Hackmann jedoch das mittlere Szenario, das eine Verdopplung der Zahl der Pflegebedürftigen bis zum Jahr 2060 prognostiziert.[9] Doch ganz gleich, ob Hackmann recht behalten wird. Ganz gleich, ob es noch dramatischer oder ob es weniger dramatischer kommt – eines wird es in jedem Fall: nämlich teuer.

Wie teuer, das ermittelt seit einigen Jahren das Statistische Bundesamt in Wiesbaden. Und zwar mit einer Liebe zum Detail, die schon als abstoßend bezeichnet werden muß. Denn im Sommer 2004 legte das Statistische Bundesamt erstmals eine Gesamtdarstellung der Gesundheitskosten, aufgeschlüsselt nach Krankheit, Alter und Geschlecht, für das Jahr 2002 vor. Laut dem damaligen Präsidenten Johann Hahlen leistet dieses neue, bis dahin unübliche Instrument „einen wichtigen Beitrag" zu der „aktuellen gesundheitspolitischen Diskussion", indem es „mit aussagekräftigen und differenzierten Informationen über die durch einzelne Krankheiten verursachten Kosten Transparenz schafft".[10]

Und die sah so aus: Im Jahr 2002 haben die Deutschen zur Behandlung von Krankheiten rund 224 Milliarden

Euro aufgewendet. Das entspricht rund einem Zehntel der Gesamtwirtschaftsleistung und ist mehr, als der Bund an Steuern einnimmt. Im internationalen Vergleich liegt Deutschland damit auf Platz drei. Lediglich die Vereinigten Staaten von Amerika und die Schweiz geben noch mehr Geld für die Gesundheit ihrer Bürger aus. Während auf die Behandlung von Kindern und Jugendlichen, die rund 15 Prozent der Gesamtbevölkerung in Deutschland stellten, nur 5,5 Prozent der gesamten Krankheitskosten entfielen, beliefen sich die Kosten für die Behandlung der Senioren (65 Jahre und älter), die etwa 17 Prozent der Bevölkerung stellten, auf rund 43 Prozent. Im Vergleich zu ihnen verursachte die erwerbsfähige Bevölkerung (Menschen im Alter zwischen 15 und 65 Jahren), deren Anteil an der Gesamtbevölkerung im Jahr 2002 bei 67,5 Prozent lag, einen vergleichsweise geringen Anteil an den gesamten Krankheitskosten in Höhe von 51,5 Prozent.[11]

2006 beliefen sich die Gesundheitskosten bereits auf insgesamt 245 Milliarden Euro, 21 Milliarden mehr als noch vier Jahre zuvor. 111,1 Milliarden Euro (47 Prozent) wurden dabei von Patienten verursacht, die älter als 65 Jahre alt waren. Und als wäre der Treue zum Detail damit noch nicht Genüge getan, liefert das Statistische Bundesamt auch die Pro-Kopf-Kosten gleich mit. Demnach entfielen im Durchschnitt auf jeden älteren Menschen Krankheitskosten in Höhe von 6.910 Euro, 270 Euro mehr als 2002. Bei jüngeren Menschen betrugen die Pro-Kopf-Kosten 2006 dagegen nur durchschnittlich 1.880 Euro, 60 Euro mehr als vier Jahre zuvor. Wobei Frauen – außer im Kindesalter – deutlich mehr Kosten verursachten als Männer.

Selbstverständlich geht auch das noch genauer: Während die Behandlung von Männern im Alter von 85 Jahren und älter im Jahr 2006 im Durchschnitt Kosten in Höhe von 11.490 Euro verursachten, riefen die Behandlungen von Frauen gleichen Alters im selben Zeitraum durchschnittliche Gesundheitskosten von 15.330 Euro hervor.[12] In einer gesunden Gesellschaft vermögen solche Zahlen niemanden zu erschrecken. Denn in einer solchen Gesellschaft stellt die selbstverständliche Tatsache, daß ein Großteil der Gesundheitskosten, die Menschen verursachen, nun einmal im Alter anfällt, kein ernstes Problem dar. Schließlich lassen sich in einer solchen Gesellschaft die Kosten für die Gesundheit auch problemlos auf die nachfolgende Generation „vererben". Diese übernimmt dann mit ihren Beiträgen zur Krankenversicherung die Kosten, welche die vorausgegangene Generation im Alter verursacht. Ist sie selbst an der Reihe, kommt die übernächste Generation für die von ihr verursachten Kosten auf. Und so weiter.

Nur sind wir aber keine gesunde Gesellschaft mehr. Seit 1972 liegt die tatsächliche Fertilitätsrate mit statistischen 1,3 Kindern pro Frau konstant unter der für die Bestandserhaltung notwendigen Reproduktionsrate von statistischen 2,1 Kindern pro Frau. Die Folge: „In Deutschland wird jede Elterngeneration nur noch zu zwei Dritteln durch Kinder ersetzt. Im Laufe der letzten vier Jahrzehnte ist so ein dramatisches Defizit an Kindern entstanden."[13]

So dramatisch, daß der Direktor des Forschungszentrums Generationsverträge, Professor Bernd Raffelhüschen, ziemlich drastische Worte findet: „Die Generation der heutigen Erwerbstätigen hat demographisch gesehen seit fast 40 Jahren 2. Weltkrieg gespielt".[14] Die Konsequenzen dieses „Krieges", deren – um im Bild zu bleiben – schwerste Geschütze eine kaum noch hinterfragte Verhütungsmentalität sowie die als „Ersatz"- wie als „Nachbesserungstrategie" vorgenommenen Abtreibungen darstellen, sind gewaltig.

Überstieg die Zahl der Sterbefälle im Jahr 2002 die Zahl der Geburten noch um 72.000, so werden – wie der Blick in die zehnte koordinierte Bevölkerungsvorausberechnung des Statistischen Bundesamts zeigt – Mitte des Jahrhunderts 576.000 mehr Särge als Wiegen benötigt. Bis zum Jahr 2050 wird die Zahl der Einwohner dann trotz einer angenommenen Zuwanderung von 200.000 Menschen pro Jahr auf 75 Millionen sinken. Jeder dritte Bundesbürger wird den Wiesbadener Berechnungen zufolge dann 60 Jahre und älter sein. Der Anteil der über 80jährigen wird von vier auf zwölf Prozent steigen.[15]

Mit der aus der Kinderlosigkeit resultierenden Überalterung der Gesellschaft wächst auch die finanzielle Last, welche die verbliebenen Erwerbstätigen schultern müssen: Standen 1995 in Deutschland 100 Erwerbstätigen noch 36 Personen im Rentenalter gegenüber, so waren es 2001 bereits 44 Personen; 2050 werden es sogar 78 Personen sein.[16]

Damit nicht genug: Aufgrund des Fortschritts in der Medizin und der damit einhergehenden steigenden durchschnittlichen Lebenserwartung werden sich Leistungsempfänger und Leistungserbringer künftig auch noch deutlich länger gegenüberstehen als zu früheren Zeiten. Demographen bringen dieses Phänomen mit dem Begriff des „doppelten Alterungsprozesses" auf den Punkt.

Betrug die durchschnittliche Lebenserwartung im Jahr 1900 bei Männern noch 48,3 und bei Frauen noch 46,3 Jahre, stieg sie zum Jahr 2000 bei Männern auf 74,2 und bei Frauen auf 79,9 Jahre an. Das Statistische Bundesamt gibt die durchschnittliche Lebenserwartung in Deutschland derzeit mit 76,2 Jahren für Männer und 81,8 Jahren für Frauen an. Und auch für die Zukunft dürfen wir dank einer immer leistungsfähigeren Medizin mit einer kontinuierlichen Steigerung der Lebenserwartung rechnen. Laut James W. Vaupel, Direktor des Max-Planck-Instituts für demographische Forschung in Rostock, wächst die durchschnittliche Lebenserwartung der Europäer und Amerikaner derzeit pro Jahr um drei Monate.[17]

An dieser Entwicklung läßt sich, wie Demographen nicht müde werden zu betonen, zumindest bis zum Jahr 2035 nichts mehr ändern. Denn bei fast allen zukünftigen Beitragszahlern und allen Leistungsempfängern des Jahres 2035 handelt es sich um Personen, die bereits geboren wurden. Der Finanzwissenschaftler Raffelhüschen sagt daher denn auch: „Was kommt, war eigentlich schon!"[18]

„Menschen", heißt es in den „Unfrisierten Gedanken" des polnischen Aphoristikers Stanislaw Jerzy Lec (1909–1966) entschuldigend, „haben Spätzündung: Sie begreifen alles erst in der nächsten Generation." Die Gefahr, daß Lec womöglich zu optimistisch war, als er diesen Aphorismus niederschrieb, ist groß. Momentan deutet jedenfalls nichts darauf hin, daß die Gesellschaft bereit wäre, aus den Fehlern der Vergangenheit zu lernen.

Anstatt endlich Anstalten zu machen, die massenhaften Abtreibungen einzudämmen, durch die nach Berechnungen des Osnabrücker Sozialwissenschaftlers Manfred

25

Spieker allein in Deutschland in den vergangenen drei Jahrzehnten acht Millionen Kinder im Mutterleib getötet wurden,[19] fügt die Politik alten Fehlern derzeit bloß neue hinzu: Statt sämtliche kassenfremden Leistungen zu streichen – angefangen bei Abtreibungen, pränataler Diagnostik und künstlicher Befruchtung, welche das Gesundheitssystem unnötig belasten und Ärzte an das Töten gewöhnen –, werden die Krankenkassenbeiträge erhöht.

Statt einen flächendeckenden Ausbau der Palliativmedizin voranzutreiben, der einzig und allein in der Lage wäre, ein „Sterben in Würde" – dort wo es tatsächlich hart auf hart kommt – zu ermöglichen und Patienten die Angst vor unerträglichen Schmerzen zu nehmen, sorgt sich die Politik um die gesetzliche Regelung der rechtlichen Verbindlichkeit von Patientenverfügungen. Wohl wissend, daß diese die Gefahr bieten, daß Patienten sich mit dem von ihnen dort Verfügten – sei es wissentlich, sei es unwissentlich – schließlich selbst entsorgen.

Statt auf eine Ent-Industrialisierung von Krankenhäusern und Pflegeeinrichtungen zu drängen, die mit ständig wachsenden Fallzahlen pro Arzt und Pfleger notwendig zu einer Überforderung des Personals führen und moralisches Versagen so geradezu herbeiorganisieren, werden die Krankenhäuser zusätzlich unter finanziellen Druck gesetzt.

Statt eine radikale Abkehr von der ebenso familienverachtenden wie durchsichtigen Strategie zu vollziehen, sich der Familienarbeit widmende Personen in sozialversicherungspflichtige Jobs zu drängen, wird diese – nicht zuletzt durch die Auflagen beim Elterngeld – weiter forciert. Zugegeben, angesichts der gegenwärtigen Lage

der sozialen Sicherungssysteme mag ein solcher Kurs-
wechsel zunächst abenteuerlich erscheinen. Bei genaue-
rem Hinsehen wäre er das aber keineswegs: Denn so
preiswert wie in der Familie, wo sich pflegebedürftige
Angehörige obendrein zumeist bedeutend wohler fühlen als in einer noch so professionellen Einrichtung, ist
die Pflege alter und kranker Menschen nirgendwo zu haben.

Laut dem vom Bundesministerium für Familie, Senioren,
Frauen und Jugend im Jahr 2004 herausgegebenen „Vierten Bericht zur Lage der älteren Generation" bilden die
Familien in Deutschland den „größten Pflegedienst" in
unserem Land. 90 Prozent aller Pflegebedürftigen und
chronisch Kranken werden demnach in Privathaushalten
von ihren nahen Angehörigen gepflegt und betreut.

Dabei wird die Pflege in rund 80 Prozent der Fälle von
Personen geleistet, die rund um die Uhr zur Verfügung
stehen. Bei Pflegebedürftigen mit ständigem Pflege-
bedarf sind es sogar 92 Prozent. Die reine Pflegezeit –
also zusätzlich zu Tätigkeiten wie der Haushaltsführung,
persönlichen Gesprächen und Spaziergängen oder Be-
hördengängen – beträgt dabei zwischen drei und sechs
Stunden pro Tag. Bei etwa der Hälfte der Pflegenden
ist die Pflege eines Familienangehörigen zudem mit der
regelmäßigen Unterbrechung des eigenen Schlafs ver-
bunden. Dabei werden die Kosten, die durch die Pflege
von alten und kranken Menschen entstehen, glückli-
cherweise bislang überwiegend privatisiert, statt sozia-
lisiert.

Nur läßt sich eben genau dies – ebensowenig wie eine
sorgfältige Kindererziehung – nicht mehr bewerkstelligen, wenn in einer Familie alle Erwerbsfähigen durch

Abwesenheit glänzen, weil sie nach dem Willen der Bundesregierung vor allem eines können sollen: nämlich dauerhaft in die überfrachteten sozialen Sicherungssysteme einzahlen. Die volkswirtschaftlichen Belastungen und der volkwirtschaftliche Schaden, der durch die erzwungene Vernachlässigung von pflegebedürftigen Menschen und Kindern in sich ausschließlich der Erwerbsarbeit widmenden „Familien" entstünde – an etwas anderes wagt in diesem Land ja ohnehin kaum noch jemand zu denken –, wäre in jedem Fall gewaltig, wenn auch Thema eines anderes Buches.

Wie auch immer: „Heute ihr, morgen wir?" – das ist jedenfalls viel mehr als nur eine griffig formulierte Frage, mit der Lebensrechtler vor ein paar Jahren die Furcht von Menschen vor der Euthanasie genutzt haben, um eine in weiten Teilen gedankenlose Gesellschaft für das Unrecht der Abtreibung zu sensibilisieren.

Zwar ist die vorgeburtliche Kindstötung nach wie vor in erster Linie ein individualethisches Problem, welches sich dadurch charakterisieren läßt, daß Männer und Frauen nicht die Kraft aufbringen, auch die Verantwortung für die unerwünschten Folgen ihrer Handlungen zu übernehmen – in diesem Fall für die Zeugung eines anderen Menschen – und sich statt dessen aus dieser Verantwortung zu stehlen suchen, indem sie einen Arzt mit der Tötung des selbst gezeugten, unschuldigen und wehrlosen Menschen beauftragen. Da sich dieses individualethische Problem in Deutschland, ebenso wie in anderen Industriegesellschaften, von der Politik begünstigt jedoch inzwischen zu einem Massenphänomen entwickelt hat, bringt es Konsequenzen mit sich, die längst die gesamte Gesellschaft betreffen.

Dabei steht außer Zweifel, daß Deutschland auch ohne massenhafte Abtreibungen ein demographisches Problem hätte. Und zwar unabhängig davon, ob sich bei der Zahl der vorgeburtlichen Kindstötungen nun um rund 130.000 Fälle handelt, welche das Statistische Bundesamt im Schnitt seit 1996 jährlich meldet, oder um rund 260.000 Fälle, mit denen Lebensrechtler rechnen, weil sie davon ausgehen, daß die Dunkelziffer noch einmal so hoch ist wie die vom Statistischen Bundesamt gemeldete Hellziffer.

Fakt ist: Demographischen Berechnungen zufolge werden in Deutschland seit 1975 jedes Jahr „mindestens 350.000 Kinder weniger geboren, als für eine Bestandserhaltung der Bevölkerung – im Wortsinn – ‚notwendig' gewesen wären."[20]

Gleichwohl wäre dieses Problem bedeutend kleiner, wenn es keine massenhaften Abtreibungen gäbe, wie eine Berechnung zeigt, die der Bevölkerungswissenschaftler Herwig Birg im Jahr 2003 für die Zeitschrift „LebensForum" anstellte: „Wenn Deutschland zum Beispiel 200.000 Geburten mehr hätte, also statt 760.000 z. B. 960.000, dann wäre die Kinderzahl pro Frau 1,77 statt 1,40. Von der bestandserhaltenden Geburtenrate, die ja 2,13 Kinder pro Frau beträgt, wären wir dann nicht mehr so weit weg wie jetzt, und die Konsequenzen wären entsprechend moderater, das heißt die Alterung wäre geringer und die Folgen für die schrumpfende Zahl der Beitragszahler und Steuerzahler wären nicht ganz so dramatisch."[21]

„Heute ihr, morgen wir?" – das ist in einer Gesellschaft, in der sich nur noch die Hochbetagten zu vermehren scheinen, längst zu einer erstzunehmenden Perspektive geworden. Eine, die uns Huxleys eiskalter „schöner neuen Welt" schon bald sehr viel näher bringen könnte, als den meisten Menschen lieb sein dürfte. Eine Welt, in der die Menschen mit Natriumpentobarbital bewaffnete „Todesengel" dann vielleicht sogar tatsächlich herbeisehnen werden.

Kapitel 2

Wenn der Selbstmord erlaubt ist, dann ist alles erlaubt."

Ludwig Wittgenstein
Tagebücher

Über die Unterschätzung und falsche Glorifizierung des Suizids

Weshalb es kein Recht auf den (ärztlich assistierten) Suizid gibt und das Leben eine bis zum Eintritt des natürlichen Todes andauernde Aufgabe bleibt.

Wer den Suizid (lat.: sui cidium = Selbsttötung) ablehnt, dem wird heute nahezu reflexartig unterstellt, er müsse irgendwie „religiös" sein. Und „religiös" zu sein – so wird dann weiter unterstellt – sei praktisch dasselbe wie „unvernünftig" oder „unaufgeklärt" zu sein. Folglich müsse, wer „vernünftig" und „aufgeklärt" sei, die Selbsttötung entweder moralisch gutheißen oder zumindest tolerieren.

Wer sich von der scheinbaren Logik solcher intellektuellen Taschenspielertricks beeindrucken läßt, übersieht leicht, daß damit aber noch kein einziges Argument ins Feld geführt wurde, das begründet, warum es „aufgeklärt" oder „vernünftig" sei, sich selbst zu töten. Doch genau solche Argumente sind erforderlich, wenn aus der Tatsache, daß Menschen sich selbst töten, ein moralisches „Recht" auf Selbsttötung abgeleitet werden soll. Dies gilt um so mehr, wenn dieses „Recht" zugleich derart ausgeweitet werden soll, daß es anderen erlaubt, einer Person bei der Selbsttötung zur Hand zu gehen oder wenn es – wie dies bei der „Tötung auf Verlangen" der Fall ist – einem anderen Menschen erlaubt, die todbringende Handlung stellvertretend zu vollziehen.

Denn wer glaubt, auf solche Argumente verzichten zu können, und allein aus der Tatsache, daß sich Menschen das Leben nehmen und dies nicht bestraft wird, schlußfolgert, daß dann auch der „ärztlich assistierte Suizid" und die „Tötung auf Verlangen" moralisch erlaubt sein müßten, der begeht einen sogenannten „naturalistischen Fehlschluß".

Der naturalistische Fehlschluß geht zurück auf den schottischen Philosophen David Hume (1711–1776), der neben John Locke (1632–1704) zu den wichtigsten Vertretern des britischen Empirismus zählt, und besagt, daß es unmöglich sei, allein aus Fakten ethische Normen herzuleiten.

Bis vor kurzem war der naturalistische Fehlschluß ein Thema, mit dem sich nur Philosophen auseinandergesetzt haben. Doch seit einigen Jahren spielt er auch im öffentlichen Diskurs eine bedeutsame Rolle. In der Debatte über die Forschung mit embryonalen Stammzellen wurde der naturalistische Fehlschluß gegen die Gegner einer embryonenverbrauchenden Forschung ins Feld geführt. Argumentiert wurde, daß die Behauptung, man dürfe keine Embryonen töten, weil alle Menschen einmal Embryonen waren, unzulässigerweise von einem Faktum (alle Menschen waren einmal Embryonen) auf ein Sollen (menschliche Embryonen sollen nicht getötet werden) schließe.[1]

Und es stimmt: Wer so argumentiert, begeht tatsächlich einen naturalistischen Fehlschluß und macht einen schwerwiegenden, nicht zu tolerierenden logischen Fehler. Damit ist die Angelegenheit allerdings noch nicht erledigt. Denn sie hat – wie wir sehen werden – sogar eine doppelte Pointe.

Erstens: Der berechtigte Vorwurf des naturalistischen Fehlschlusses – dies ist auch für die Bewertung des Suizids und der Euthanasie von entscheidender Bedeutung – trifft selbstverständlich nicht nur diejenigen, die aus dem Faktum ein negatives Sollen, also ein „Verbot" ableiten. Er trifft auch all diejenigen, die aus dem Faktum ein positives Sollen, also ein „Gebot" oder eine „Pflicht" ableiten wollen. Mit anderen Worten: Aus der Tatsache, daß alle Menschen einmal Embryonen waren, folgt nämlich weder ein Verbot der Tötung menschlicher Embryonen, noch daß es erlaubt oder gar geboten sei, sie zu töten.

Die zweite Pointe besteht darin, daß in der Debatte um den Schutz menschlicher Embryonen in Wirklichkeit überhaupt niemand so argumentiert hat. Argumentiert wurde – auch wenn dies möglicherweise nicht immer deutlich genug geworden sein mag – von den Gegnern einer embryonenverbrauchenden Forschung vielmehr wie folgt:

Faktum: Alle Menschen waren einmal Embryonen.
Prämisse 1: Die Entwicklung des Menschen ist ein kontinuierlicher Prozeß. Es gibt keine qualitative Zäsur in diesem Prozeß, die es erlauben würde, zwischen Noch-Nicht-Menschen und Schon-Menschen zu differenzieren. Daher sind menschliche Embryonen Menschen in einem embryonalen Stadium.
Prämisse 2: (Unschuldige) Menschen darf man nicht töten.
Schluß: Also darf man auch keine menschliche Embryonen genannte Menschen im embryonalen Stadium töten.

Zwischen dem Faktum und dem Sollens-Schluß liegen also zwei Prämissen. Während die erste eine Deutung naturwissenschaftlicher Erkenntnisse unternimmt, handelt es sich bei der zweiten um eine in diesem Zusammenhang moralisch relevante Norm. Das Sollen kommt also nicht – wie aus heiterem Himmel – erst im gefällten Urteil vor, sondern ist bereits Bestandteil einer der Prämissen. Folglich bleiben die Gesetze der Logik gewahrt. Auch die Befürworter einer embryonenverbrauchenden Forschung haben keinen naturalistischen Fehlschluß begangen. Sie argumentierten nämlich im Grunde wie folgt:

Faktum: Alle Menschen waren einmal Embryonen.
Prämisse 1: Die Entwicklung des Menschen ist nur scheinbar ein kontinuierlicher Prozeß. In diesem Prozeß gibt es qualitative Zäsuren (z. B. Nidation, Schmerzempfinden, Bewußtsein, Geburt, Interessen), die es erlauben, zwischen Noch-Nicht-Menschen und Schon-Menschen zu differenzieren. Menschliche Embryonen sind keine Menschen.
Prämisse 2: Kranken Menschen soll man helfen.
Schluß: Also darf man menschliche Embryonen genannte Noch-Nicht-Menschen töten, wenn man damit Menschen helfen kann.

Auch hier liegt kein naturalistischer Fehlschluß vor. Weil aber das gleiche Faktum anders gedeutet und mit einer anderen moralischen Norm in Verbindung gebracht wird, die in diesem Kontext dann auch tatsächlich relevant ist, kommen die Befürworter einer embryonenverbrauchenden Forschung zu einem gleich logischen, in der Sache aber völlig anderen Ergebnis als die Gegner dieser Forschung.

Das aber bedeutet im Ergebnis nichts anderes, als daß der Streit um die Zulässigkeit der Forschung mit menschlichen Embryonen nur vordergründig ein Streit um Moral ist. In Wirklichkeit ist er ein Streit um die korrekte Deutung eines naturwissenschaftlichen Faktums. Und weil hier nicht unterschiedliche Weltanschauungen aufeinandertreffen, sondern bloß unterschiedliche Ansichten über die richtige Interpretation eines Faktums, darum ist dieser Streit auch prinzipiell entscheidbar.

Um ein naturwissenschaftliches Faktum korrekt zu deuten, ist es freilich erforderlich, die eigenen Interessen von der Wahrheit der Dinge abhängig zu machen, anstatt – wie Ideologen dies tun – zu versuchen, die Wahrheit der Dinge von den eigenen Interessen abhängig zu machen.

Auch bei der moralischen Bewertung des Suizids und der Euthanasie reicht es daher nicht, die Fakten zu kennen, man muß sich auch mit ihrer Deutung auseinandersetzen. Bevor wird uns dieser zuwenden jedoch zunächst einige Fakten:

Weltweit sterben jedes Jahr rund eine Million Menschen durch die eigene Hand. Statistisch betrachtet nimmt sich alle vierzig Sekunden ein Mensch an irgendeinem Ort der Welt das Leben. In der Altergruppe der 15- bis 34jährigen zählt der Suizid nach Angaben der Weltgesundheitsorganisation (WHO) sogar zu den drei Haupttodesursachen.[2]

Allein in Deutschland starben im Jahr 2006 laut dem Statistischen Bundesamt 9.765 Personen durch Suizid. Zum Vergleich: In Folge von Verkehrsunfällen starben im selben Zeitraum „nur" 5.174 Personen. Dabei nahmen sich Männer (7.225) fast dreimal so häufig das Leben wie Frauen (2.540). Demnach lautete für etwa jeden 53. Sterbefall bei Männern und etwa jeden 171. Sterbefall bei Frauen die offizielle Todesursache im Jahr 2006 in Deutschland: Suizid.[3]

Die tatsächliche Zahl „erfolgreicher" Selbsttötungen dürfte allerdings noch weitaus größer sein. Ein Grund dafür ist die komplizierte Erhebung der Todesursachenstatistik. Datengrundlage für diese Sekundärstatistik sind die Todesbescheinigungen, die im Rahmen der Leichenschau von den den Tod feststellenden Ärzten ausgestellt werden. Der Leichenschauschein – im Volksmund auch Totenschein genannt – besteht aus einem vertraulichen und einem nicht-vertraulichen Teil. Eintragungen werden gemäß den Regeln der WHO signiert und unterliegen in Deutschland der Gesetzgebungskompetenz der Bundesländer. Während den zuständigen Standesämtern und den Friedhofsverwaltungen Kopien des nicht-vertraulichen Teils der Leichenschauscheine zugesandt werden, erhält das Gesundheitsamt des Sterbeortes Kopien des vertraulichen Teils. Die Gesundheitsämter leiten anschließend eine durch Schwärzungen anonymisierte Kopie des Leichenschauscheins an das zuständige Landesamt für Datenverarbeitung und Statistik weiter. Anhand der verbliebenen Informationen sollen die Landesämter die Todesursachen erfassen und an das Statistische Bundesamt weitermelden. Bei diesem, in den Bundesländern zudem uneinheitlich gehandhabten Verfahren, werden jedoch immer wieder gravierende Fehler gemacht.

So kommt eine unter dem Titel „Unterschätzte Suizidraten durch unterschiedliche Erfassungen in Gesundheitsämtern" veröffentlichte Untersuchung aus dem Jahr 2006 zu dem Ergebnis, daß die tatsächliche Zahl der Selbsttötungen in Deutschland in der offiziellen Todesursachenstatistik „systematisch" unterschätzt werde. Für die Studie untersuchten die Autoren in fünf Gemeinden Nordrhein-Westfalens alle 45.000 Totenscheine, die dort in den Jahren 2002 und 2003 ausgestellt wurden, auf sichere Suizide und verglichen diese anschließend mit den gemeldeten Suizidraten. Das Ergebnis: Bei Durchsicht der Todesbescheinigungen wurden zahlreiche sichere Suizide entdeckt, die durch fehlerhafte Ausfüllung der Leichenschauscheine beziehungsweise eine fehlerhafte Auswertung korrekt ausgestellter Leichenschauscheine nicht in die Statistik eingingen. Insgesamt ermittelten die Autoren eine Unterschätzung der Suizidrate um elf Prozent. Dabei differierten die ermittelten Unterschätzungen in vier Gemeinden zwischen vier und 27 Prozent. In der fünften Gemeinde ermittelten die Autoren eine Überschätzung von zwei Prozent.[4]

Über diese Fehler hinaus stellten die Autoren der Studie aber auch einen „Trend zur Diagnoseverschiebung auf den Totenscheinen" fest. Statt der Diagnose „Suizid" werden Selbsttötungen demnach zunehmend auch als „unklare" oder „unbekannte" Todesursachen deklariert. Möglich ist dies, weil die von der WHO erstellte und seit 1998 verwendete „Internationale statistische Klassifikation der Krankheiten und verwandter Gesundheitsprobleme" (ICD-10) nicht nur statt der bis 1997 gebräuchlichen zehn mittlerweile 25 verschiedene Unterkategorien (ICD-10: X60 – X84) kennt, was das ganze Verfahren ziemlich unübersichtlich macht, sondern auch noch drei weitere Kategorien, denen viele Ärzte – unabsichtlich oder absichtlich – auch Suizide zuordnen. Weil aber die Kategorien „sonstiger Tod unbekannter Ursache" (ICD-10: R96), „Tod ohne Anwesenheit anderer Personen" (ICD-10: R98) sowie „sonstige ungenau oder nicht näher bezeichnete Todesursachen" (ICD-10: R99) gar nicht für die Erfassung von Suiziden vorgesehen sind, finden sich die hier eingeordneten Diagnosen auch nicht als Suizide in der Todesursachenstatistik wieder.

Tatsächlich weist die Todesursachenstatistik in Deutschland einen ungewöhnlich hohen Rückgang bei der Todesursache Suizid aus. Verzeichnete die Statistik 1980 noch insgesamt 18.451 „Sterbefälle durch Suizid", so waren es 2006 „nur" noch 9.765. Ginge es mit rechten Dingen zu, dann wären die Selbsttötungen in dem betreffenden Zeitraum um satte 55,7 Prozent zurückgegangen. Nicht einmal das Statistische Bundesamt traut hier seiner eigenen Statistik und warnt daher, „daß bei der Todesursache Suizid von einer nicht einschätzbaren Dunkelziffer ausgegangen werden muß."[5]

Weit gravierender noch als eine systematische Unterschätzung der tatsächlichen Suizidrate ist jedoch die Deutung des Suizids als „Freitod" oder „selbstbestimmter Tod". Dabei handelt es sich keineswegs nur um ein bloß intellektuelles oder gar akademisches, sondern auch um ein ganz und gar praktisches Problem. Es werde, klagt etwa Georg Fiedler, Psychologe am Therapiezentrum für Suizidgefährte (TZS) der Poliklinik für Psychiatrie und Psychotherapie des Universitätsklinikums Hamburg-Eppendorf, „immer schwieriger, die Angebote des Suizidpräventionsprogramms aufrechtzuerhalten. Die Spenden sind weniger geworden." Weil Suizidalität nach den neuen ICD-Diagnosewerten der WHO zudem nicht als Krankheit betrachtet, sondern unter den „nicht-natürlichen Todesursachen" geführt werde, hielten sich auch die Kassen mit Beiträgen für die Suizidprävention zurück.[6]

Abgesehen davon, daß es intellektuell gar nicht ohne weiteres einleuchtet, ausgerechnet die Vernichtung seiner selbst als eine Weise zu betrachten, sich selbst zu bestimmen, ist es derart unnatürlich, sich selbst den Tod zu wünschen, daß in der Regel nicht einmal derjenige, der einen solchen Wunsch äußert, auch wirklich meint, was er sagt. Wer etwa behauptet, er sehne sich nach dem Tod, verlangt nämlich meist gar nicht danach, tatsächlich zu sterben. Statt dessen wünscht er, ein anderes Leben zu führen, als das, welches er derzeit lebt oder das er fürchtet, künftig leben zu müssen. Das aber heißt: Auch die vermeintliche Sehnsucht nach dem Tod ist in Wirklichkeit eine Sehnsucht nach dem Leben.

Das sah auch der deutsche Philosoph Arthur Schopenhauer (1788–1860) so, dessen Vater sich ertränkte, und der sich – vermutlich auch deshalb – zeitlebens intensiv mit dem Phänomen des Suizids beschäftigte. In seinem Hauptwerk „Die Welt als Wille und Vorstellung" schreibt Schopenhauer unter anderem: „Der Selbstmörder will das Leben und ist bloß mit den Bedingungen unzufrieden, unter denen es ihm geworden."[7]

Betrachtet die betreffende Person den Wunsch, anders leben zu können, jedoch zugleich als nicht realisierbar, dann kann es allerdings vorkommen, daß sie das gegenwärtige oder vermutete zukünftige Leben nicht mehr als „lebenswert" bewertet und als Folge dieser Bewertung nach einer Möglichkeit sucht, es vorzeitig zu beenden.

Insofern wundert es nicht, daß Mediziner und Psychiater heute den Suizidalen überwiegend als Patienten und den versuchten oder auch vollführten Suizid als Symptom einer psychischen Erkrankung deuten.

1838 führte der bedeutende französische Psychiater Jean Etienne Dominique Esquirol (1772–1840), der an der weltberühmten Pariser Heilanstalt „Salpêtrière" wirkte,

die Selbsttötung, in der er „alle Merkmale der Geistes-
krankheit" versammelt sah, als Phänomen in die medizinische Forschung ein. Zuvor hatten schon die Ärzte Para-
celsus (1483–1541), Felix Platter (1536–1614) und Leopold
Auenburger (1722–1809) suizidale Anwandlungen als An-
zeichen einer psychischen Erkrankung gedeutet, ohne damit jedoch bei ihren Kollegen den nötigen Widerhall zu
finden. Nachdem aber Ende des 19. Jahrhunderts und Anfang des 20. Jahrhunderts Psychiater wie Wilhelm Griesin-
ger (1817–1868), Richard von Krafft-Ebing (1840–1902) und
Robert Gaupp (1870–1953) Esquirols Annahme bekräftig-
ten, schlossen sich die meisten Mediziner und Psychiater
der These an, daß der Suizid Ausdruck einer geistig-seelischen Störung sei.[8]

Und obgleich die Suizidforschung Esquirols These in
den vergangenen rund 170 Jahren um zahlreiche wichtige
Facetten bereichert hat, werden bis heute „behandelbare
psychische Störungen" wie Depression, Schizophrenie,
manisch-depressive Störungen sowie Angst- und Persön-
lichkeitsstörungen und „beratungs- und therapiefähige
persönliche und psychosoziale Krisen" immer noch als
„wesentliche Auslöser von Suiziden" angesehen.[9]

Manfred Wolfersdorf, Ärztlicher Direktor des Bezirks-
krankenhauses Bayreuth und Chefarzt der Klinik für Psychiatrie und Psychotherapie, formuliert das so: Grundsätzlich sei Suizidalität bei allen Menschen möglich, sie trete
jedoch „häufig in psychosozialen Krisen und bei psychi-
scher Erkrankung auf". Der Suizid sei daher auch „meist
kein Ausdruck von Freiheit und Wahlmöglichkeit, sondern
von Einengung durch objektiv und/oder subjektiv erlebte
Not, durch psychische und/oder körperliche Befindlichkeit
beziehungsweise deren Folgen."[10]

„Der Suizid entsteht aus der Konfrontation eines Lebensstils mit der Realität", erklärt der Psychiater und Präsident der Schweizerischen Alzheimervereinigung Raimund Klesse. Einen natürlichen Todeswunsch gebe es nicht. Dies zeigten die „Nachuntersuchungen von Menschen, die nach einem ernsthaften Suizidversuch gerettet wurden." Auch sei es in fast allen untersuchten Fällen möglich gewesen, eine psychiatrische Diagnose für den Zeitpunkt des Suizidsversuchs zu stellen.[11]

Auch eine Meta-Studie aus dem Jahr 2004, bei der die Autoren 27 wissenschaftliche Untersuchungen miteinander verglichen, in denen wiederum insgesamt 3.275 Suizide erfaßt wurden, kommt zu dem Ergebnis, daß in 87,3 Prozent der Fälle eine zuvor diagnostizierte psychische Erkrankung Hauptursache für die Selbsttötung war.[12]

Daß der Suizid in der überwiegenden Mehrzahl der Fälle Ausdruck einer geistig-seelischen Krankheit ist, spricht offenbar dagegen, ihn als eine Form der Selbstbestimmung betrachten zu können. Wer dies dennoch tut, der müßte konsequenterweise auch den Spirituosenkonsum eines Alkoholkranken als Ausdruck seiner Willensfreiheit werten. Das aber ist – wie wir wissen – nicht nur falsch, vielmehr ist das Gegenteil der Fall: Der Spirituosenkonsum eines Alkoholkranken ist Ausdruck mangelnder Willensfreiheit.

Daß der Suizid meist Ausdruck mangelnder Willensfreiheit ist, wird auch von einigen Befürwortern des ärztlich assistierten Suizids prinzipiell anerkannt. Allerdings glauben sie, daß es auch den von den Stoikern in die Philosophiegeschichte eingeführten sogenannten Bilanzsuizid gebe. Als solcher werden gewöhnlich Selbsttötungen bezeichnet, die auf einer nüchternen, völlig rationalen Abwägung von Lebensumständen beruhen sollen.

Einen solchen Bilanzsuizid hat etwa der Rechtsphilosoph Norbert Hoerster im Blick, wenn er vorschlägt, den § 216 des Deutschen Strafgesetzbuches, der die Tötung auf Verlangen bislang verbietet, wie folgt neu zu fassen: „Ein Arzt, der einen schwer und unheilbar leidenden Menschen tötet, handelt nicht rechtswidrig, wenn der Betroffene die Tötungshandlung aufgrund freier und reiflicher Überlegung, die er in einem urteilsfähigen und über seine Situation aufgeklärten Zustand durchgeführt hat, ausdrücklich wünscht oder wenn, sofern der Betroffene zu solcher Überlegung nicht imstande ist, die Annahme berichtigt ist, daß er die Tötungshandlung aufgrund solcher Überlegungen für den gegebenen Fall ausdrücklich wünschen würde."[13]

Abgesehen von der bedenklichen Weiterung, die Hoerster, der jede normative Ethik ablehnt und statt dessen eine Interessensethik vertritt, im zweiten Teil seines Formulierungsvorschlages unternimmt, ist die These, daß es so etwas wie einen Bilanzsuizid überhaupt gibt, jedoch extrem umstritten. Aus den Lehrbüchern der Psychiatrie ist der Begriff jedenfalls bereits fast völlig verschwunden.

Der Medizin-Professor Johann Christoph Student, einer der führenden Ärzte der Hospizbewegung, und der Jura-Professor Thomas Klie, Vizepräsident der Deutschen Gesellschaft für Gerontologie und Geriatrie, die sich mit der Erforschung des Alters und der Alterskrankheiten beschäftigt, halten dazu in ihrem 2007 erschienen Buch „Sterben in Würde – Auswege aus dem Dilemma Sterbehilfe" fest: „Wir können uns nicht ‚entschließen', sterben zu ‚wollen'. In der ethischen Literatur wird zwar auch heute noch vielfach davon ausgegangen, daß es sogenannte ‚Bilanzsuizide' gibt. Also Selbsttötungen, die auf einem reichlich überlegten Beschluß basieren. Die psychiatrische Forschung lehrt hingegen seit der Mitte des vorherigen Jahrhunderts, daß diese Annahme zu hinterfragen ist. Denn unser menschlicher Überlebenstrieb hindert uns daran, uns selbst das Leben zu nehmen. Mögen die rationalen Gründe noch so triftig und einsehbar sein. Für den Suizid benötigen wir ein solch enormes Aggressionspotential, das gegen uns selbst gerichtet ist, daß es zu einem derartigen Aggressionsaufbau nur in extremen psychischen Krisen kommt. Es sind also weniger moralische oder religiöse Vorstellungen, die am Suizid hindern, als vielmehr die besondere Funktionsweise der menschlichen Seele."[14]

Folglich gibt es also auch für diejenigen, welche die Selbstbestimmung als höchstes Gut betrachten und die keine religiösen Motive gegen die Selbsttötung gelten lassen wollen, gute Gründe, die Beihilfe zum Suizid sowie den ärztlich assistierten Suizid abzulehnen.

Ein entsprechendes, vorsichtig formuliertes Urteil käme dann etwa wie folgt zustande:

Faktum: Es gibt Menschen, die sich selbst töten.
Prämisse 1: Echte Selbstbestimmung des Menschen ist immer zu respektieren.
Prämisse 2: Wer sich selbst den Tod wünscht, leidet höchstwahrscheinlich an einer geistig-seelischen Krankheit, die seine grundsätzliche Fähigkeit, sich selbst zu bestimmen, aufhebt oder aber erheblich einschränkt.
Schluß: Man darf niemanden dabei helfen, etwas zu tun, das er höchstwahrscheinlich gar nicht beabsichtigt.

Friedrich Nietzsche (1844–1900), die Galionsfigur vieler sogenannter Freidenker, der 1889 einen geistigen Zusammenbruch erlitt, von dem er sich nicht mehr erholen sollte, war also offenbar falsch informiert, als er seinen Zarathustra sagen ließ: „Meinen Tod lobe ich euch, den freien Tod, der mir kommt, weil *ich* will."[15]

Selbst die katholische Kirche, die daran gewöhnt ist, in Jahrhunderten zu denken, und daher neue Erkenntnisse erst lange prüft, bevor sie sich diese zu eigen macht, hat die Ergebnisse der Suizidforschung längst entsprechend berücksichtigt. So ist die heute überwiegend geteilte Erkenntnis, daß suizidale Handlungen im Zusammenhang mit psychischen Erkrankungen gesehen werden müssen, welche die Freiheit und damit auch die Schuldfähigkeit der betreffenden Person erheblich einschränken oder gar aufheben können, der Grund dafür, daß die katholische Kirche in dem überarbeiteten kirchlichen Gesetzbuch „Codex Iuris Canonici", das im Jahr 1983 die vorausgegangene Fassung von 1917 ablöste, das Verbot einer kirchlichen Bestattung von Suizidenten aufhob.

So weist etwa die am 20. Mai 1980 erschienene Erklärung der Vatikanischen Glaubenskongregation zur Euthanasie darauf hin, daß dem Suizid „wie wir alle wissen, seelische Verfassungen zugrunde liegen, welche die Schuldhaftigkeit mindern oder auch ganz aufheben können."[16] Auch der 1993 erschienene neue Weltkatechismus der katholischen Kirche hält ausdrücklich fest: „Schwere psychische Störungen, Angst oder schwere Furcht vor einem Schicksalsschlag, vor Qual oder Folterung" könnten die Verantwortlichkeit des Suizidenten für seine Tat mildern, und fügt hinzu, daß man daher die „Hoffnung auf das ewige Heil der Menschen, die sich das Leben genommen haben, nicht aufgeben" solle.

An der grundsätzlichen, ausnahmslosen Ablehnung der Selbsttötung, der Beihilfe zum Suizid und der Tötung auf

Verlangen ändert das freilich nichts. Nach der Lehre der katholischen Kirche stellt die Selbsttötung eine „schwere Verfehlung" sowohl gegen die „rechte Eigenliebe" als auch – weil sie die „Bande der Solidarität mit der Familie", der „Nation" und der „Menschheit" zerreiße – gegen die „Nächstenliebe" und die „Gottesliebe" dar. Letzteres vor allem deshalb, weil Gott der „höchste Herr des Lebens" sei. Da der Mensch nur „Verwalter, nicht Eigentümer des Lebens" sei, das Gott ihm „anvertraut" habe, dürfe er darüber auch „nicht verfügen."[17]

Folglich könne „nichts und niemand je das Recht verleihen, ein menschliches Lebewesen unschuldig zu töten, mag es sich um einen Fötus oder einen Embryo, ein Kind, einen Erwachsenen oder Greis, einen unheilbar Kranken oder Sterbenden handeln." Und weiter heißt es: „Es ist auch niemandem erlaubt, diese todbringende Handlung für sich oder einen anderen zu erbitten, für den er Verantwortung trägt, ja man darf nicht einmal einer solchen Handlung zustimmen, weder explizit noch implizit. Denn es geht dabei um die Verletzung eines göttlichen Gesetzes, um eine Beleidigung der Würde der menschlichen Person, um ein Verbrechen gegen das Leben, um einen Anschlag gegen das Menschengeschlecht."[18]

In unserem Syllogismus-Schema läßt sich die klare Position der katholischen Kirche in etwa wie folgt ausdrücken:

Faktum: Kein Mensch hat sich das Leben selbst gegeben.
Prämisse 1: Gott hat dem Menschen das Leben zur Verwaltung anvertraut.
Prämisse 2: Niemand darf das Eigentum eines anderen zerstören.

Schluß: Also ist es dem Menschen nicht erlaubt, sich selbst zu töten oder jemandem anderen dabei behilflich zu sein.

Man kann jedoch – auch ohne die erste Prämisse dieses Syllogismus teilen zu müssen – zu einer genauso kompromißlosen Ablehnung des Suizids und der Beihilfe zur Selbsttötung gelangen. Besonders eindrucksvoll hat dies der Trierer Philosophieprofessor Anselm Winfried Müller gezeigt. In seinem lesenswerten Buch „Töten auf Verlangen – Wohltat oder Untat?" beschäftigt sich Müller unter anderem mit einem Tagebuch-Eintrag des Philosophen Ludwig Wittgenstein (1889–1951). Wittgenstein, der drei seiner sieben Geschwister durch Suizid verlor, notierte dort am 10. Januar 1917: „Wenn der Selbstmord erlaubt ist, dann ist alles erlaubt. Wenn etwas nicht erlaubt ist, dann ist der Selbstmord nicht erlaubt (...) Denn der Selbstmord ist sozusagen die elementare Sünde."[19]

Wie Müller zeigt, kann das Wittgensteinsche Diktum „Wenn der Selbstmord erlaubt ist, dann ist alles erlaubt" und die sich anschließend ins Negative gewendete Bekräftigung: „Wenn etwas nicht erlaubt ist, dann ist der Selbstmord nicht erlaubt" nur bedeuten: „Wenn es überhaupt moralische Forderungen gibt, wenn irgend etwas unerlaubt ist, dann ist der Selbstmord unerlaubt."[20]

Der Grund für diese apodiktische Behauptung, die logisch völlig anders geartet ist als die Syllogismen, mit denen üblicherweise ein moralisches Sollen begründet wird, hängt mit dem unbedingten Geltungsanspruch zusammen, der jeder Moral wesentlich ist.

In unseren Syllogismen verdeutlichen diesen jeweils eine der beiden Prämissen sowie der Schluß. Wenn es etwa heißt „Niemand darf das Eigentum eines anderen zerstören", dann ist damit ja nicht bloß gemeint, „daß ich das Eigentum eines anderen nicht zerstören darf", sondern behauptet wird vielmehr, daß tatsächlich niemand und unter keinen Umständen dazu befugt ist, das Eigentum eines anderen zu zerstören. Halte ich mich oder hält sich irgend jemand sonst nicht daran, dann kann ich oder die betreffende Person für die Übertretung oder die Nichtbeachtung dieser Norm zur Rechenschaft gezogen werden.

Der Suizid ist nun aber die einzige Tat, die es unmöglich macht, jemanden zur Rechenschaft zu ziehen, und zwar nicht nur für diese, sondern auch für alle anderen von ihm begangenen Taten. Daher kann Müller auch schreiben: „Wäre es erlaubt, sich zu töten, dann wäre es dadurch jederzeit erlaubt, sich einer gerade relevanten Forderung nicht zu unterwerfen – und das kann jede Forderung sein (...) An die Stelle der unbedingten Forderung ‚Unterlaß dies!' träte die bedingte Forderung ‚Unterlaß dies – sofern du es nicht vorziehst, dich aus dem Leben zu verabschieden!'"[21] Das Ende unbedingter moralischer Forderungen wäre aber gleichbedeutend mit dem Ende der Moral. Und zwar nicht nur mit dem Ende der spezifisch christlichen, sondern mit dem Ende jeder Moral.

Dies aber kann kein aufgeklärter und vernünftiger Mensch ernsthaft wollen. Wir können also festhalten: Es ist daher vernünftig, das Leben – und zwar ganz gleich, ob man es nun als eine von Gott geschenkte Gabe betrachtet oder nicht – für eine Aufgabe zu halten, die es nach Kräften und bis zum letzten Atemzug zu bewältigen gilt und der man sich nicht vorzeitig entziehen darf.

Das schließt aufrichtige Anteilnahme und echtes Mitleid mit den Leidenden, die unter den Zumutungen, die das

Leben auch beinhalten kann, zu zerbrechen drohen, sowie moralisch zulässige Hilfen nicht aus. Im Gegenteil: Denn „Suizidalität ist heilbar", wie Raimund Klesse betont.[22] 70 bis 80 Prozent der Betroffenen teilten ihre seelische Not mit und gäben damit Psychiatern und anderen die Möglichkeit, helfend einzugreifen. Adäquate Hilfeleistungen erforderten jedoch von den Betreuern und Begleitern ein genaues Verständnis, warum bei der jeweiligen Person der Lebenswille geschwächt ist. Psychische Leiden, insbesondere Depressionen müßten erkannt und behandelt werden. Schmerzen und andere körperliche Symptome müßten ernst genommen und soweit wie möglich behoben oder gelindert werden. Auch die Bedeutung äußerer Belastungsfaktoren müsse erkannt und im Zusammenhang mit der Persönlichkeit des Gefährdeten richtig eingeschätzt werden. So könne zum Beispiel der Verlust des Sehvermögens für einen belesenen und politischen interessierten Menschen eine für diesen nur schwer zu überwindende „Einbuße seines Geltungsbereichs" mit sich bringen. Besonders bei Tüchtigen berge die Einbuße an Leistungsfähigkeit durch Alter oder Krankheit die Gefahr, sich „minderwertig" und „unnütz" zu fühlen. „Man muß wissen", so Klesse weiter, „daß die heutige leistungsorientierte gesellschaftliche Entwicklung einen enormen äußeren Druck erzeugen kann, in dem auch Menschen, die ihr Leben sonst durchaus bewältigt hätten, suizidal werden können."[23]

Dagegen gibt es nur ein Mittel: Echte Zuwendung, die es dem anderen ermöglicht, sich selbst als „wertvoll" und auch sein verändertes Leben noch als „lebenswert" zu empfinden. Das mag im Einzelfall von Menschen wie von der Gesellschaft viel verlangen und vielleicht auch nicht immer gelingen können. Dennoch gibt es dazu keine akzeptable Alternative. Denn wenn, wie Robert Spaemann zu Recht schreibt, „etwas geeignet ist, dem Leidenden sein Leben als lebensunwert erscheinen zu lassen, dann ist es die Entsolidarisierung der Gesellschaft durch moralische Rehabilitierung des Selbstmords und durch Legalisierung der Tötung auf Verlangen, also durch den stillen Hinweis: ‚Bitte, da ist der Ausgang.'"[24]

Kapitel 3

Es gibt kein richtiges Leben im falschen."

Theodor W. Adorno
„Minima Moralia"

Europa vor der Rampe

Über die Gesetzgebung in den Niederlanden, Belgien und Luxemburg.

Wer das Töten gesetzlich erlaubt, muß es regeln: „Wir, Beatrix, von Gottes Gnaden Königin der Niederlande, Prinzessin von Oranien-Nassau (...) lassen wissen: daß Wir, in der Erwägung, daß es wünschenswert ist, in das Strafgesetzbuch einen Strafausschließungsgrund für den Arzt aufnehmen, der unter Berücksichtigung der gesetzlich zu verankernden Sorgfaltskriterien Lebensbeendigung auf Verlangen vornimmt oder Hilfe bei der Selbsttötung leistet, und dazu gesetzliche Vorschriften für ein Melde- und Kontrollverfahren zu erlassen, nach Anhörung des Staatsrats und im Einvernehmen mit den Generalstaaten folgendes Gesetz gutheißen und billigen."

So, unter Hinweis auf das Gottesgnadentum, mit dem Monarchen seit den Karolingern ihren Stand begründen, beginnt der Text des Gesetzes, mit dem in den Niederlanden am 1. April 2002 die rechtliche Neuregelung der „Tötung auf Verlangen" und der Beihilfe zum Suizid in Kraft trat. Das Gesetz sieht vor, daß Ärzte, die Patienten töten oder ihnen beim Suizid assistieren, dann straffrei bleiben, wenn sie die unter Artikel 2 aufgeführten „Sorgfaltskriterien" beachten. Danach muß der Arzt zu der Überzeugung gelangt sein, „daß der Patient seine Bitte freiwillig und nach reiflicher Überlegung gestellt hat" und „der Zustand des Patienten aussichtslos und sein Leiden unerträglich ist". Ferner muß der Arzt den „Patienten über dessen Situation und über dessen Aussichten aufgeklärt" haben und „gemeinsam mit dem Patienten zu der Überzeugung gelangt" sein, „daß es für dessen Situation keine andere annehmbare Lösung gibt". Desweiteren verpflichtet das Gesetz den Arzt, „mindestens einen anderen, unabhängigen Arzt" zu konsultieren. Dieser muß den Patienten untersuchen und eine schriftliche Stellungnahme abgeben. Schließlich legt das Regelwerk dem Arzt die Pflicht auf, „bei der Lebensbeendigung oder bei der Hilfe bei der Selbsttötung mit medizinischer Sorgfalt" vorzugehen und nach derart professionell vollbrachter Tat dem „Leichenbeschauer der Gemeinde" Meldung zu erstatten.[1]

Die Meldung erfolgt mittels eines Fragebogens, auf dem der Arzt insgesamt 41 Fragen beantworten muß. Erläutert werden muß etwa, wo und wie die Tötung des Patienten erfolgte, an welchem Leiden dieser litt, weshalb eine Heilung aussichtslos erschien, wann der Patient den Wunsch zu sterben erstmals geäußert, wann er ihn wiederholt hat, welcher weiterer Arzt konsultiert wurde und dergleichen mehr.[2]

Der Leichenbeschauer prüft die Meldung und leitet sie an die zuständige regionale Kontrollkommission weiter. Davon gibt es in den Niederlanden fünf. Sie bestehen aus je einem Juristen, der zugleich den Vorsitz führt, einem Arzt sowie einem Sachkundigen „in Ethik- oder Sinnfragen". Die Mitglieder der Kontrollkommissionen werden ebenso wie ihre Stellvertreter von den zuständigen Ministern für die Dauer von sechs Jahren ernannt. Sie sollen prüfen, ob der Arzt, der einen Patienten getötet oder ihm

beim Suizid assistiert hat, die in Artikel 2 genannten Sorgfaltskriterien eingehalten hat. Üblicherweise erfolgt die
Überprüfung der Einhaltung der Sorgfaltskriterien anhand
der Aktenlage. Die Kommissionen sind allerdings befugt,
dem Arzt schriftlich oder mündlich auch weitergehende
Fragen zu stellen.

Kommt die Kommission zu dem Schluß, daß der Arzt die
Sorgfaltskriterien eingehalten hat, „ist die Angelegenheit
damit erledigt", erläuterte der frühere Justizminister Benk
Korthals die Aufgabe der Kontrollkommissionen in einem
Beitrag für die „Frankfurter Allgemeine Zeitung". Nur
wenn sie mit Mehrheit der Stimmen zu der Ansicht ge-
lange, „der Arzt habe nicht sorgfältig gehandelt", schicke
sie die Unterlagen zusammen mit einer schriftlichen Be-
urteilung des Falls an die Staatsanwaltschaft. Diese entscheidet dann, ob sie Anklage erhebt.[3]

Im Jahr 2005, in dem den Kontrollkommissionen insgesamt 1.993 Fälle von Tötung auf Verlangen und ärztlich
assistiertem Suizid gemeldet wurden, beanstandeten die
Kommissionen lediglich drei Fälle und meldeten diese der
Staatsanwaltschaft. Zur Anklage kam es jedoch in keinem
einzigen Fall.[4] Das wundert kaum. Denn wie das Magazin „Der Spiegel" herausgefunden haben will, beträgt die
durchschnittliche Prüfungsdauer „vier Minuten pro Fall".
„Massenhaft" verstoßen wird laut dem „Spiegel" zudem
gegen die vorgeschriebene Konsultation eines Kollegen
vor der Tat. Regelmäßig unbeachtet blieben auch Vorschriften wie die, daß die Ärzte Patienten, welche den
Wunsch nach Euthanasie äußern, Alternativen anzubieten
haben und ihnen Zeit lassen müssen, ihren Todeswunsch
zu überdenken.[5] Tatsächlich lagen im Jahr 2001 zwischen
dem Ersuchen um Euthanasie und ihrer Durchführung in

rund 50 Prozent der Fälle nur eine Woche, in 13 Prozent der Fälle war es sogar lediglich ein Tag.[6] Das Gesetz erlaubt ferner Kindern und Jugendlichen ab zwölf Jahren, einen Arzt zu bitten, sie zu töten oder ihnen beim Suizid zu assistieren. Sofern diese nicht älter als 15 Jahre alt sind, darf der Arzt diesem Wunsch nur mit Zustimmung der Eltern entsprechen. Bei 16- und 17jährigen Jugendlichen kann die Tötung dagegen auch ohne die Erlaubnis der Eltern erfolgen. In solchen Fällen schreibt das Gesetz dem Arzt lediglich vor, die Eltern „in die Beschlußfassung" einzubeziehen.

Der Verabschiedung des Gesetzes ging eine teils heftig geführte und über drei Jahrzehnte andauernde Debatte voraus. Den Anfang machte die Regierung, die 1970 den Gesundheitsrat mit der Erstellung eines Euthanasie-Berichtes beauftragte, der 1973 erschien. Im gleichen Jahr sorgte ein Prozeß gegen die Hausärztin Truus Postma für Aufsehen, die ihre eigene Mutter zwei Jahre zuvor auf deren Wunsch hin mit einer Überdosis Morphium getötet hatte. Weil der Leichenbeschauer eine unnatürliche Todesursache festgestellt hatte, erhob die Staatsanwaltschaft Anklage. In dem anschließenden Prozeß, der von einer enormen öffentlichen Anteilnahme und Sympathiebekundungen für die Hausärztin begleitet wurde, wurde Truus Postma zwar schuldig gesprochen, die Richter verurteilten die Ärztin, die ihre eigene Mutter umgebracht hatte, jedoch nur zu einer Woche Haft auf Bewährung. Von juristischen Laien konnte das Urteil – ob beabsichtigt oder unbeabsichtigt – nur so verstanden werden: Falsch verhalten hatte sich nicht die Ärztin. Falsch war das Gesetz. Fortan ging es folglich darum, dieses durch ein besseres zu ersetzen.

Eine bedeutsame Rolle spielte dabei die 1973 von einer Nachbarin des Ehepaars Postma gegründete „Niederländische Vereinigung für ein freiwilliges Lebensende" (NVVE). Zusammen mit der „Königlichen Niederländischen Ärztegesellschaft zur Förderung der Medizin" (KNMG) setzte sich die NVVE, zu deren prominentesten Mitgliedern auch die spätere Gesundheitsministerin Els Borst gehört, vehement für die Legalisierung der Euthanasie ein und betrieb durch die Beratung von Politikern und die Herausgabe zahlreicher Broschüren eine intensive Lobby- und Öffentlichkeitsarbeit.

Aber auch weitere Gerichtsurteile blieben nicht ohne Wirkung. Nachdem der Oberste Gerichtshof 1984 entschieden hatte, daß Ärzte unter bestimmten Umständen aktive Sterbehilfe leisten dürften, kamen die meisten Ärzte in den wenigen angestrengten Prozessen straffrei davon, sofern sie die „Sorgfaltskriterien" beachtet hatten, die von der KNMG aufgestellt und größtenteils später auch in das geltende Gesetz aufgenommen wurden.

Doch wer glaubt, diese seien wenigstens für die Gerichte das Maß aller Dinge in den Niederlanden, ist auf dem Holzweg. 1993 sprach der „Hooge Raad", der Oberste Gerichtshof der Niederlanden, den Psychiater Boudewijn Chabot frei, der 1991 einer körperlich kerngesunden Frau, die unter dem Verlust ihrer beiden Söhne litt, beim Suizid assistierte. Als sich Hilly Bosscher mit den von Chabot mitgebrachten Chemikalien im Zimmer eines ihrer Söhne das Leben nahm, lag der Tod ihres zweiten Sohnes erst fünf und der Beginn der Arzt-Patient-Beziehung zu Chabot sogar nur zwei Monate zurück.[7] Hilly Bosscher war freilich nicht der einzige Suizid, den der vom Obersten Gerichtshof verschonte Psychiater begleitete. Gemeinsam mit dem niederländischen Anästhesisten und Euthanasie-Aktivisten Pieter Admiraal, der eigenen Angaben zufolge pro Jahr „im Durchschnitt so vier" Menschen tötet,[8] hat Chabot inzwischen einen 144 Seiten umfassenden „Sterbehilfe-Ratgeber" herausgegeben, der seit 2008 auch in deutscher Übersetzung vertrieben wird und detaillierte Beschreibungen zu einer erfolgreichen Selbsttötung durch Medikamenten-Mißbrauch enthält.

Im Jahr 2002 verurteilte der Hooge Raad den Hausarzt des ehemaligen Politikers Edward Brongersma, diesem vier Jahre zuvor ohne hinreichende Beachtung der Sorgfaltskriterien beim Suizid assistiert zu haben, beließ es jedoch bei einer Verwarnung. Brongersma, Jahrgang 1911, hatte sich in den Niederlanden für die Rechte homosexueller und pädophiler Menschen stark gemacht und war für ersteres geadelt worden. Im Alter von 87 Jahren bat er seinen Hausarzt, ihm bei der Selbsttötung zu assistieren. Als Begründung gab er an: „Ich bin sehr alt, das Warten dauert so lange, der Tod hat mich offenbar vergessen."[9]

Obwohl der Oberste Gerichtshof in seinem Urteil zum Ausdruck brachte, daß Lebensmüdigkeit kein akzeptabler Grund für die Tötung eines Patienten sei, kam das von der KNMG gegründete Dijkhuis-Kommitee in einem 2004 veröffentlichten Bericht zu dem Ergebnis, daß es keinen Grund gebe, lebensmüde Menschen prinzipiell von der Tötung auf Verlangen auszuschließen.[10] Das sieht auch der Gütersloher Psychiater Klaus Dörner, ein Gegner der Euthanasie, so: „In dem Augenblick, wo ich anfange, der einen Gruppe Sterbehilfe zu ermöglichen, kann ich es der anderen nicht verweigern."[11]

Laut Henk Jochemsen, Inhaber des Lindeboom Lehrstuhls für Medizinethik an der freien Universität Amsterdam, verfolgte die niederländische Regierung mit der Legalisierung der Tötung auf Verlangen und des ärztlich assistierten Suizids auch das Ziel, „die bereits zuvor verbreitete Praxis ans Licht zu bringen und wirksam zu kontrollieren."[12] Sofern der Gesetzgeber tatsächlich gehofft hatte, die Bereitschaft der Ärzte zur Meldung von Euthanasie-Fällen durch die gesetzlich festgeschriebene Zusicherung von Straffreiheit signifikant zu steigern, ist dies jedoch gründlich mißlungen. Denn selbst von der Regierung in Auftrag gegebene Studien, bei denen den befragten Ärzten die absolute Wahrung der vollen Anonymität zugesichert wurde, zeigen, daß die Ärzte auch nach der Gesetzesänderung nur 54 Prozent der Patiententötungen meldeten.[13]

Befürworter der niederländischen Regelung führen gerne an, daß die Ärzte nur rund einem Drittel der an sie herangetragenen Bitten auch entsprächen, es also in der Mehrzahl der Fälle ablehnten, Patienten zu töten. Das stimmt, ist jedoch nur die halbe Wahrheit. Denn die Studien aus den Jahren 1990, 1995 und 2001 zeigen auch, daß die Ärzte in jeweils rund 25 Prozent der Fälle (1990: 1.000; 1995: 900 und 2001: 1.000) Patienten töteten, die darum gar nicht gebeten hatten. Nach ihren Motiven für derartiges Tun gefragt (Mehrfachnennungen waren möglich), gaben 1995 immerhin 38 Prozent der Ärzte zu Protokoll: „Die Nächsten konnten es nicht mehr ertragen." 36 Prozent der Ärzte gaben als Grund „geringe Lebensqualität" an.[14] Aus der „Tötung auf Verlangen" ist also – zumindest partiell – längst die „Tötung ohne Verlangen" geworden.

Im Jahr 2004 berichtete „Der Spiegel" von einem Mann, der den Hausarzt um die Tötung seines krebskranken Vaters ersuchte, damit die Familie den längst gebuchten

Urlaub auch tatsächlich antreten könne. Der Arzt soll der Bitte nachgekommen sein. Allerdings führte er seinen Auftrag offenbar nicht fachgerecht aus. Denn als er wiederkam, um den Tod „festzustellen", saß der alte Mann „fröhlich auf der Bettkante." Erstmals hatte er „endlich soviel Morphium bekommen, wie er brauchte, um seine Schmerzen zu ertragen."[15] In einem anderen Fall bat ein pflegebedürftiger Patient den Arzt, ihn zu töten. Sterben wollte aber auch dieser Mensch offenbar nicht. Der eigentliche Grund: Seine Ehefrau hatte ihn vor die Wahl gestellt: Pflegeheim oder Euthanasie. Auch hier soll, so „Der Spiegel", der Arzt der Bitte entsprochen haben. Was das Magazin zu dem Fazit veranlaßte: „Der allgemeine Trend geht zum sozialverträglichen Frühableben."[16]

Daß dies nicht ohne Folgen sowohl für das Arzt-Patient-Verhältnis als auch für das Vertrauen in die eigenen Angehörigen bleiben kann, liegt auf der Hand. Das Mißtrauen gegenüber beiden Gruppen ist offenbar längst so groß, daß nicht wenige Niederländer eine sogenannte „Credo Card" in ihrer Brieftasche tragen, auf der ihr Lebenswunsch eingestanzt ist, oder einen Zettel mit der Bitte „Maak mij niet dood, Dokter!" bei sich führen.

Die gesetzliche „Kontrolle" hat auch nicht zu einem Rückgang der Euthanasie-Fälle geführt. Zwar sank die Zahl der gemeldeten Patiententötungen (1900: 2.300; 1995: 3.200 und 2001: 3.500) nach regierungsamtlichen Angaben im Jahr 2005 auf 2.297 Fälle. Zugleich meldete die Regierung jedoch einen rapiden Anstieg sogenannter terminaler Sedierungen. In diesen Fällen der terminalen Sedierung versetzten Ärzte die Patienten mit Medikamenten in einen tiefen Schlaf und führten ihnen anschließend so lange keine Nahrung und keine Flüssigkeit mehr zu, bis der Tod eintritt. Lag die Zahl der terminalen Sedierungen, die nicht als Euthanasie betrachtet und daher von den Ärzten auch nicht den Kontrollkommissionen gemeldet werden müssen, im Jahr 2001 noch bei rund 8.500, so waren es im Jahr 2005 bereits rund 9.600.[17]

Einer repräsentativen Studie zufolge hat mehr als jeder zweite Arzt in den Niederlanden bereits mindestens einmal eine terminale Sedierung durchgeführt. Und zumindest in jedem sechsten Fall geschah dies mit der Absicht, den Tod des Patienten herbeizuführen. Doch in etwas mehr als der Hälfte der Fälle (59 Prozent) diskutierten die Ärzte ihre Entscheidung zuvor mit ihren Patienten. Und nur in rund einem Drittel der Fälle (34 Prozent) klärten die Ärzte die Patienten dabei auch darüber auf, daß sie ihnen keine Nahrung und Flüssigkeit mehr zuführen würden.[18]

Trotz alldem feiern niederländische Intellektuelle die Liberalisierung der Euthanasie unverdrossen als Akt der Befreiung. So wird etwa der renommierte niederländische Soziologe Cas Wouters mit den Worten zitiert: „Wir wurden bis in die fünfziger Jahre von Regenten regiert, die uns die große Moral vorgeschrieben haben und selbst hinter verschlossenen Türen anderes taten. Von dieser Scheinheiligkeit haben wir uns in der Provo-Bewegung befreit. Erst die sexuelle Befreiung, dann die Neuregelung bei Abtreibung und jetzt das Euthanasiegesetz."[19] Zutreffender dürfte wohl das Fazit des Magazins „Der Spiegel" sein, der befand: „Sie wollten die totale Autonomie des Individuums bis in den Tod. Doch so fremdbestimmt wie heute waren sie noch nie."[20]

Dennoch fand das niederländische Gesetz Nachahmer. Wenige Monate nach Inkrafttreten des niederländischen

Euthanasie-Gesetzes verabschiedete in Belgien eine Koalition aus Liberalen, Sozialisten und Grünen am 16. Mai 2002 ein Gesetz, das der niederländischen Vorlage in zentralen Punkten sehr nahekommt, an einigen Stellen aber abweichende – teils liberalere, teils restriktivere – Regelungen aufweist. Wie das niederländische hebt auch das belgische Gesetz, das am 23. September 2002 in Kraft trat, die Strafbarkeit der Tötung auf Verlangen nicht grundsätzlich auf, sondern bindet die Straflosigkeit von Patiententötungen an gesetzlich vorgeschriebene Bedingungen. Dazu gehört auch in Belgien, daß der Patient den Wunsch, getötet zu werden, freiwillig und wiederholt zum Ausdruck bringen muß, der Arzt vor der Tat einen Kollegen hinzuziehen muß und überdies anschließend einer Kommission Bericht zu erstatten hat.

Allerdings schreibt das Gesetz perfiderweise in Artikel 15 auch vor, daß, wenn „die Tötung nach den Bedingungen des Gesetzes vollzogen wurde, diese als ein natürlicher Tod statistisch ausgewiesen wird und in allen rechtlichen Bedingungen als ein solcher zu gelten hat."[21] Perfide deshalb, weil hier die Schaffung einer Scheinwirklichkeit gesetzlich angeordnet wurde. Das ist so, als würde der deutsche Gesetzgeber nicht nur davon absehen, Hartz-IV-Empfänger zu bestrafen, die Waren bis zu einem bestimmten Betrag stehlen, sofern sie dies hinterher meldeten, sondern auch noch gesetzlich festschreiben, daß jeder gemeldete Diebstahl als „Einkauf" zu gelten habe.

Positiv läßt sich anmerken, daß das belgische Gesetz, das im übrigen keine Beihilfe zum Suizid kennt, anders als in den Niederlanden immerhin vorschreibt, daß der Patient den Wunsch, getötet zu werden, stets schriftlich erklären muß. Ferner muß der Patient die Volljährigkeit erreicht haben, um vom Arzt die Tötung auf Verlangen erbitten zu können. Auch muß der belgische Arzt, anders als sein niederländischer Kollege, das soziale Umfeld des Patienten stets einbeziehen und alle unternommenen Schritte in einer Patientenakte dokumentieren.

Deutlich liberaler als in den Niederlanden sind hingegen wiederum die Bedingungen, unter denen Patienten um ihre Tötung nachsuchen können. So sieht das belgische Gesetz ausdrücklich vor, daß auch psychisch Kranke den Arzt bitten können, sie zu töten.

Steht, wie in solchen Fällen üblich, der natürliche Tod des Patienten nicht unmittelbar bevor, muß der Arzt noch einen weiteren Kollegen hinzuziehen, der entweder Psychiater oder ein ausgewiesener Spezialist für die betreffende Krankheit ist. In solchen Fällen müssen zwischen dem schriftlich niedergelegten Wunsch des Patienten und dessen Entsprechung durch den Arzt mindestens vier Wochen liegen.[22]

Im Jahr 2005 wurde das belgische Gesetz noch weiter liberalisiert. Galt die 2002 beschlossene Regelung ursprünglich praktisch nur für Krankenhausärzte, so dürfen seit 2005 auch Hausärzte Patienten mit einem sogenannten „Euthanasie-Kit" auf deren Verlangen töten. Um dies zu ermöglichen, wurden die Apotheken in Belgien gesetzlich verpflichtet, Päckchen mit Barbituraten vorzuhalten. Der nachträglich eingefügte „Artikel 3bis" des belgischen Euthanasie-Gesetzes sichert deshalb auch Apothekern Straflosigkeit zu. Er sieht vor, daß „ein Apotheker, der eine todbringende Substanz abgibt", keine Straftat begeht, „wenn er dies auf der Grundlage einer Verschreibung tut, in der der Arzt ausdrücklich vermerkt, daß er in Übereinstimmung mit dem vorliegenden Gesetz handelt."[23]

Doch auch damit scheint das Ende der Fahnenstange noch nicht erreicht. Vielmehr sind weitere Liberalisierungen zu befürchten. Im März 2008 verlangte der bekannte, an Alzheimer erkrankte Schriftsteller Hugo Claus danach, von einem Arzt getötet zu werden. Seinem Wunsch, der in den Medien von einer Welle der Sympathie begleitet wurde, wurde schließlich entsprochen, obwohl ein solcher Fall im Gesetz eigentlich gar nicht vorgesehen ist.

Allerdings plädiert der einflußreiche Brüsseler Mediziner Wim Distelmans, Vorsitzender des aus Ärzten, Juristen und anderen Fachleuten zusammengesetzten belgischen Kontrollgremiums, schon seit Jahren dafür, auch Jugendlichen und Alzheimer-Patienten die Tötung auf Verlangen zu ermöglichen. Außerdem fordert Distelmans, Ärzte, die keine Patienten töten wollen, zu zwingen, diese an Kollegen zu überweisen, welche die Euthanasie befürworten.[24]

Ähnlich wie in den Niederlanden hat auch in Belgien die Liberalisierung der „Tötung auf Verlangen" nicht für die angeblich gewünschte Transparenz und Kontrolle gesorgt. Selbst die belgische Kontrollkommission geht davon aus, daß ihr nur etwa jede zweite Patiententötung gemeldet wird.[25]

Nachdem der belgische Staat einem katholischen Krankenhaus mit dem Entzug der Lizenz gedroht hatte, falls dieses sich weigere, die gesetzlich erlaubte Euthanasie durchzuführen,[26] wird laut einer Studie aus dem Jahr 2006 selbst in katholischen Krankenhäusern und Altenheimen die Euthanasie nicht mehr in allen denkbaren Fällen ausgeschlossen.[27] Danach lehnt nur noch ein Fünftel der katholischen Einrichtungen in Flandern eine gezielt herbeigeführte Beendigung des Lebens von Patienten kategorisch ab. In rund vier Fünftel der katholischen Einrichtungen

Flanderns erklärten dagegen hausinterne ethische Richtlinien die Euthanasie – wenn auch überwiegend in sehr eng begrenzten Ausnahmefällen – mittlerweile für prinzipiell möglich. Der Studie zufolge sähen die Richtlinien in der Regel vor, daß zunächst alle Möglichkeiten der Palliativmedizin ausgeschöpft worden sein müssen, bevor eine „Tötung auf Verlangen" auch dort in Betracht gezogen werden könne.[28] Wie es in der Studie weiter heißt, könnten Ärzte in den überwiegend von der Caritas getragenen Einrichtungen zwar eine Beteiligung an Tötungshandlungen ablehnen. Allerdings seien sie in solchen Fällen verpflichtet, Patienten an einen Kollegen zu überweisen.[29]

Am 18. Dezember 2008 legalisierte schließlich mit Luxemburg auch das letzte verbliebene Beneluxland den ärztlich assistierten Suizid sowie die Tötung auf Verlangen und setzte damit den vorläufigen Schlußpunkt unter eine seit 1996 andauernde Debatte. Künftig können im Großherzogtum arbeitende Ärzte unheilbar kranke Patienten straffrei töten, wenn diese zuvor schriftlich darum ersucht haben und der Arzt zuvor einen Kollegen konsultiert hat. Patienten, die ihren Willen nicht mehr äußern können, dürfen straflos getötet werden, wenn sie beizeiten eine entsprechende Patientenverfügung verfaßt haben. Jugendliche ab 16 Jahren benötigen die Zustimmung der Eltern oder des gesetzlichen Vertreters, um sich töten lassen zu können.[30]

Bei der Abstimmung, für die im Luxemburger Parlament der Fraktionszwang aufgehoben wurde, votierten 31 der 60 Abgeordneten für ein entsprechendes Gesetz. 26 stimmten dagegen, drei enthielten sich. Eine Überraschung war das nicht. Bereits im Februar hatte das Parlament erstmalig über das Gesetz beraten und mit

Ausnahme eines damals wegen Krankheit verhinderten Parlamentariers genauso abgestimmt.

Für Aufsehen sorgte jedoch, daß Großherzog Henri von Luxemburg ankündigte, er werde das Gesetz aus Gewissensgründen nicht unterzeichnen. Dabei war der praktizierende Katholik nobel genug, die Mitglieder des Kabinetts und die Fraktionsvorsitzenden nicht vor vollendete Tatsachen zu stellen, sondern seine Entscheidung zwei Wochen vor der geplanten Abstimmung über das Euthanasie-Gesetz anzukündigen.[31]

Luxemburgs Premierminister Jean-Claude Juncker einigte sich daraufhin mit den Parlamentsfraktionen auf eine Änderung der Verfassung. Neun Tage später, am 11. Dezember, war es soweit: Mit 56 Ja-Stimmen entmachteten die Parlamentarier ihr Staatsoberhaupt. Künftig soll der Großherzog Gesetze mit seiner Unterschrift nur noch „verkünden" und nicht mehr, wie es Artikel 34 der alten Verfassung vorsah, auch „billigen" dürfen. Einem Inkrafttreten des Gesetzes im Frühjahr 2009 steht damit nichts mehr im Wege.

Man würde den Parlamentariern, die die Euthanasie-Gesetze in den Niederlanden, Belgien und Luxemburg durchgefochten haben, sicher nicht gerecht, wenn man ihnen pauschal unterstellte, es ginge ihnen nur oder in erster Linie darum, mit diesen Gesetzen das jeweilige Gesundheitssystem zu sanieren. Vielen geht es tatsächlich darum, die Selbstbestimmung von Patienten auf Teufel komm raus zu gewährleisten.

Was sich diesen Parlamentariern jedoch pauschal vorwerfen läßt, ist, daß es ihnen sowohl an einfachsten moralischen Kategorien als auch an Verständnis für die anthropologischen Grundlagen des Menschen mangelt. Denn wie der evangelische Theologe und Ethikexperte Ulrich Eibach einmal treffend bemerkte, kann „die Entmächtigung der Persönlichkeit im Altern und im Sterben" des Menschen für den Menschen gar nicht unwürdig sein. Denn als Bestandteil „seiner Kreatürlichkeit" gehört sie nun einmal – ob wir das wollen oder nicht – zu seiner Natur als Mensch. Und weil das so ist, darum ist letztlich auch nur derjenige Mensch wirklich frei, der „von der Angst vor dem Verlust seiner empirischen Autonomie befreit ist."[32]

Kapitel 4

Der Arzt „soll und darf nichts anderes thun, als Leben erhalten; ob es ein Glück oder ein Unglück sey, ob es Wert habe oder nicht, das geht ihn nichts an. Und maßt er sich einmal an, diese Rücksicht in sein Geschäft aufzunehmen, so sind die Folgen unabsehbar, und der Arzt wird der gefährlichste Mensch im Staat."

Christoph Wilhelm Hufeland

Das Groningen-Protokoll

Früheuthanasie – Warum Ärzte Kinder in den Armen ihrer Eltern töten.

Christoph Wilhelm Hufeland (1762–1863) zählt zweifellos zu den berühmtesten Ärzten des 19. Jahrhunderts. Schon sein Vater, dessen Weimarer Praxis er übernahm und bis 1801 führte, sowie sein Großvater hatten sich der ärztlichen Kunst gewidmet. Nach dem Studium und der Promotion in Göttingen, wo Hufeland sich den Freimaurern anschloß, der Göttinger Loge „Augusta zu den drei Flammen" beitrat und wenig später in den Bund der Illuminaten aufgenommen wurde, machte er am Hofe des sächsischen Herzogs Karl August schnell Karriere. Nachdem der Herzog Hufeland 1793 als Honorarprofessor an die Universität Jena geholt hatte, stieg er binnen vier Jahren vom Hofrat zum Hofmedikus auf und wurde zum ordentlichen Mitglied der Preußischen Akademie der Wissenschaften gewählt.

Bei alldem erwies sich Hufeland als undogmatischer, dem Neuen stets aufgeschlossener Mediziner. Das von ihm 1795 gegründete „Neue Journal der practischen Arzneykunde und Wundarzneykunst" entwickelte sich zu einem Diskussionsforum für verschiedene alternative Therapien wie Akupunktur, Homöopathie und Wasserheilkunde.

1801 wurde er an den Hof nach Berlin berufen, wo er als königlicher Leibarzt die Familie des preußischen Königs Friedrich Wilhelm III. betreute und zum Direktor und „Ersten Arzt" der Berliner Charité ernannt wurde. Als 1810 die Berliner Universität ihre Tore eröffnete, übernahm er den Lehrstuhl für Spezielle Pathologie und Therapie. Daneben leitete er die Militärakademie sowie die Abteilung Gesundheitswesen des preußischen Innenministeriums.

Er forderte staatliche Hygienegesetze und die Einführung der Gesundheitsfürsorge in öffentlichen Schulen, initiierte die unentgeltliche Behandlung mittelloser Kranker, errichtete die erste Poliklinik in Berlin, führte die Pockenimpfung in Preußen ein und ordnete das preußische Medizinalwesen neu.

Mit Leib und Seele Arzt behandelte Hufeland neben all diesen Aufgaben auch noch bis zu 40 Patienten am Tag. Besonders am Herzen lag ihm, zu dessen Patienten in Weimar auch Goethe, Schiller, Herder und Wieland gezählt hatten und der als Promi-Arzt ein gut bezahltes und arbeitsscheues Leben hätte führen können, die Armenfürsorge. Als Mitglied der Armendirektion sorgte er sich darum, daß der Kranke durch die Therapien, die er benötigte, nicht auch noch verarmte, und verfaßte aus diesem Grund sogar eigens ein Arzneibuch für sparsame Therapien.

Sein Hauptwerk „Makrobiotik oder Die Kunst das Leben zu verlängern" machte ihn schon zu Lebzeiten in ganz Europa bekannt. Aber auch andere Schriften wie „Guter Rath an Mütter über die wichtigsten Punkte der physischen Erziehung der Kinder in den ersten Jahren nebst einem Unterricht für junge Eheleute die Vorsorge für Ungeborene betreffend" und „Der Scheintod oder Sammlung der wichtigsten Thatsachen und Bemerkungen darüber" fanden großen Anklang und zeigen überdies, daß sich Hufeland – ganz und gar bodenständig – mit den drängenden Problemen seiner Zeit auseinandersetzte.[1]

Anders als heute war das Leben der Menschen in der ersten Hälfte des 19. Jahrhunderts durch niedrige Lebenserwartung und hohe Sterberaten, allen voran bei Säuglingen und Kindern geprägt. Epidemien wie die Pocken, Cholera und Typhus rafften bis zur Mitte des 19. Jahrhunderts große Teile der deutschen Bevölkerung hinweg. Der Tod war allgegenwärtig, und auch individuelle Krankheiten besaßen ein viel höheres Sterblichkeitsrisiko als heute.[2]

Und obwohl die Leiden der Menschen in Deutschland damals viel entsetzlicher und die Möglichkeiten der Medizin, ihnen entgegenzuwirken, sehr viel begrenzter als heute waren, lehnte der Freimaurer Hufeland die Euthanasie kategorisch ab. Nicht aus religiösen Gründen, sondern aus ethischen und wohl auch aus gesellschaftspolitischen: Der Arzt, schrieb er im Jahre 1806, „soll und darf nichts anderes thun, als Leben erhalten; ob es ein Glück oder ein Unglück sey, ob es Wert habe oder nicht, das geht ihn nichts an. Und maßt er sich einmal an, diese Rücksicht in sein Geschäft aufzunehmen, so sind die Folgen unabsehbar, und der Arzt wird der gefährlichste Mensch im Staat."[3]

Wie weitsichtig das war, zeigen die Niederlanden und Belgien, wo Ärzte mittlerweile nicht einmal mehr vor der Euthanasie von Kindern mit schweren Behinderungen zurückschrecken. Und das, obwohl die sogenannte Früheuthanasie ebenso wie Tötung ohne Verlangen dort eigentlich nach wie vor illegal ist. Eigentlich. Denn in Wirklichkeit haben sich die Kinderärzte, die so etwas tun, mit den zuständigen Behörden längst arrangiert. Möglich gemacht wurde das durch das sogenannte „Groningen-Protokoll".[4]

Als im Frühjahr 2005 unter der Überschrift „Das Groningen-Protokoll – Euthanasie bei schwerkranken Neugeborenen"[5] ein Beitrag des niederländischen Kinderarztes Eduard Verhagen, Chefarzt der Universitätskinderklinik in Groningen, in der renommierten Fachzeitschrift „New England Journal of Medicine" erschien, da lag die Einigung, welche die Kinderärzte von acht Kliniken des Landes unter der Führung Verhagens unter Ausschluß der Öffentlichkeit mit der niederländischen Staatsanwaltschaft ausgehandelt hatten, schon zwei Jahre zurück.[6]

Dank dieses „Deals" müssen Ärzte in den Niederlanden trotz gesetzlichen Verbots selbst dann nicht mit einer Strafverfolgung rechnen, wenn sie schwerkranke Kinder töten; vorausgesetzt sie gehen bei der Tat nach dem von Verhagen und seinen Kollegen ausgearbeiteten „Groningen-Protokoll" vor und melden die Kindstötung anschließend.

Das Protokoll nennt fünf Kriterien, welche Ärzte bei der Tötung von Kindern beachten müssen, wenn sie einer Anklage entgehen wollen. Zunächst müsse das Leiden so schwer sein, daß das Kind nach ärztlicher Erkenntnis keine „Aussicht auf Zukunft" habe. Ferner dürfe es für das Kind keine Chance auf Heilung oder Besserung durch die Gabe von Medikamenten oder die Durchführung von Operationen geben. Sowohl die Eltern des Kindes als auch ein zweiter, unabhängiger Arzt müßten der Tötung zustimmen. Schließlich müsse die „bewußte Lebensbeendigung peinlich genau ausgeführt" und die Eltern des Kindes psychologisch weiterbetreut werden. Nach Ansicht von Verhagen treffen diese Kriterien auf jährlich 600 Fälle weltweit und auf zehn bis 15 Kinder in den Niederlanden zu.[7]

Wer sich mit Verhagen und dem beschäftigt, was viele Journalisten über ihn in den vergangenen Jahren geschrieben und gesendet haben, hat nicht den Eindruck, der Kinderarzt sei ein gewissenloser Killer, der dem Gesundheitssystem bloß Kosten ersparen will. Eher macht er den Eindruck von jemandem, der mit dem entsetzlichen Leid, dem er bisweilen begegnet, nicht fertigwird. So berichtet Verhagen etwa von einem Kind, das mit einer besonders schweren Form von Epidermolysis bullosa geboren wurde, einer Fehlbildung der Haut, und dessen Leiden den Anstoß für die Ausarbeitung des „Groningen-Protokolls" gab. Bei jeder Berührung habe sich die Haut des Kindes abgelöst, bis sein ganzer Körper nur noch aus rohem Fleisch bestanden habe.

Von den Eltern des Kindes um dessen Tötung gebeten, sucht Verhagen den Kontakt zum zuständigen Staatsanwalt. Doch da dieser ihm nicht garantieren will, daß die Staatsanwaltschaft keine Anklage erheben wird, lehnt Verhagen – selbst Vater von drei Kindern – aus Angst vor einer Gefängnisstrafe den Wunsch der Eltern ab. Statt dessen entläßt er das Kind, dem vor jedem Wechsel der Verbände Morphin gegen die Schmerzen gespritzt werden muß und dessen Eltern den Verbandwechsel in der Klinik nicht mit ansehen können, nach Hause.[8] Im Alter von sechs Monaten stirbt es schließlich an einer Lungenentzündung.[9]

Daß Verhagen kein „Dr. Death", kein „Dr. Mengele" und auch kein „arisches Monster" ist, macht den hochaufgeschossenen, blonden Mittvierziger nicht ungefährlich. Im Gegenteil: Seit das „Groningen-Protokoll", das der immer wieder angefeindete Kinderarzt als „humane Alternative" zu der anderorts gängigen Praxis, Kinder „zum Leiden zu zwingen", betrachtet, von der Staatsanwaltschaft akzeptiert wird, tötete auch Verhagen. Vier Mal in zwei Jahren.[10] Eine seiner kleinen Patientinnen, die gleichzeitig am Down-Syndrom, einer offenen Wirbelsäule und einer Fehlbildung des Gehirns litt, und der nach Auskunft der Operateure auch 20 Operationen keine bessere Prognose beschert hätten, tötete er dabei sogar in den Armen ihrer Mutter.[11]

Es mag sein, daß Verhagen tatsächlich davon überzeugt ist, er und seine Kollegen töteten aus Mitleid und einzig und allein, um ihren kleinen, wehrlosen Patienten Leid zu ersparen. Doch selbst wenn es sich so verhält, wäre das nicht einmal die halbe Wahrheit. Denn es ist natürlich völlig absurd, aus Mitleid ausgerechnet diejenige Person zu vernichten, mit der man Mitleid zu haben glaubt. Bei näherer Betrachtung erweist sich die Mitleidstötung, das sogenannte „Mercy-Killing", denn auch als großer Selbstbetrug.

„Aus Mitleid kann man nicht töten", weiß Karl Heinz Beine. Der Chefarzt der Klinik für Psychiatrie, Psychosomatik und Psychotherapie des St. Marien-Hospitals in Hamm lehrt nicht nur Psychiatrie an der privaten Universität Witten-Herdecke, sondern untersucht auch seit Jahren, warum Ärzte, Pfleger und Krankenschwestern Patienten töten. Weltweit rund 40 Tötungsserien an Patienten hat er anhand von Gerichtsunterlagen und Interviews analysiert und dabei entdeckt: Es gibt stets wiederkehrende Muster. Echtes Mitleid gehört nicht dazu. „Mitleid bedeutet, dem Anderen im Leiden beizustehen, einen Teil des Leidens mitzutragen und Anteil zu nehmen, am fremden Schicksal", so Beine. Wer die Qualen eines Patienten beende, indem er ihn töte, höre auf mitzuleiden und „handelt gerade nicht aus Mitleid, sondern weil er diesen nicht gewachsen ist", erklärt der Spezialist.[12]

Weit schlimmer als der Selbstbetrug des Heilers Verhagens ist, daß er mit dem „Groningen-Protokoll" – willentlich oder nicht – Schleusen geöffnet hat, die sich so schnell nicht mehr schließen lassen werden. So forderte die „Königliche Niederländische Ärztegesellschaft zur Förderung der Medizin" (KNMG) kurz nach Bekanntwerden des „Groningen-Protokolls", die Legalisierung der Euthanasie auch auf nichteinwilligungsfähige Patienten auszudehnen, darunter Kinder, geistig Behinderte und Komatöse.[13] Das niederländische Gesundheits- und das Justizministerium kündigten an, gemeinsam mit der Staatsanwaltschaft einen Entwurf auszuarbeiten und ins Parlament einzubringen, der die Euthanasie von nichteinwilligungsfähigen Patienten legalisieren soll. „Ob die Regelung so wird, wie sich das die Kinderärzte wünschen", stehe noch nicht fest, erklärte ein Sprecher des Gesundheitsministeriums.[14]

Dabei dürfte es dem Gesundheitsministerium ohnehin weniger um die wenigen schwerstgeschädigten Neugeborenen gehen, als vielmehr um die vielen alten Menschen, die an Altersdemenz leiden oder solche die, komatös sind.

In Belgien sprachen sich laut einer 2005 veröffentlichten Umfrage, die Wissenschaftler der Freien Universität Brüssel unter 292 Neonatologen durchgeführt hatten, die Mehrheit der Kinderärzte dafür aus, die Euthanasie von Neugeborenen in bestimmten Fällen zu legalisieren. Für die Studie hatten die Forscher zunächst die Totenscheine aller Neugeborenen und Kinder ausgewertet, die zwischen August 1999 und Juli 2000 in ganz Flandern gestorben waren. Dabei stellten sie fest, daß 292 Kinder das erste Lebensjahr nicht überlebt hatten. Mehr als die Hälfte von ihnen war vor der 37. Schwangerschaftswoche geboren worden, ein Drittel wies schwere Mißbildungen auf. Im Anschluß daran kontaktierten die Forscher die 171 Ärzte, die die Totenscheine der Kinder ausgestellt hatten, und baten sie, an einer anonymen Umfrage teilzunehmen. 121 sagten zu. Das Ergebnis: In neun Fällen hatten die Ärzte das Leben der Kinder gezielt beendet. Als Hauptgründe wurden das Fehlen einer reellen Überlebenschance sowie eine zu erwartende „niedrige Lebensqualität" angegeben. 95 der 121 Ärzte waren der Ansicht, daß es zur Erfüllung ihrer Pflicht gehöre, unnötiges Leiden durch eine Beschleunigung des Todes zu verhindern. 69 von ihnen forderten deshalb die weitere Liberalisierung des 2002 in Kraft getretenen Gesetzes.[15]

Der Mediziner Wolfgang Aschenbrenner, der einen Teil seiner Ausbildung zum Kinderarzt im niederländischen Nimwegen absolviert hat, berichtete im Frühjahr 2008 auf den „III. Internationalen Gocher Gesprächen", die unter der Überschrift „Sterben – an der oder durch die Hand des Menschen?" standen, von einem „Gruppenzwang", der ihm an niederländischen Krankenhäusern begegnet sei. Als er sich weigerte, einem Kind, das seine eigene Spätabtreibung überlebt hatte, die vom Oberarzt angeordnete tödliche Infusion zu geben, wurde er von seinen Kollegen nach getaner, wenn auch nun anders verteilter Arbeit zur Rede gestellt: „Wir haben als Gruppe entschieden, das so zu machen, und du scherst aus", rügten die Kollegen den jungen Arzt. Aschenbrenners Entgegnung, er habe nun einmal „kein kollektives Gewissen" und müsse daher derartige Entscheidungen persönlich treffen können, stieß bei seinen Kollegen offenbar auf wenig Verständnis.[16] Euthanasie ist ansteckend. Wer nicht über genügend Antikörper verfügt, die wie im Fall Aschenbrenners die Gestalt von klaren ethischen Grundsätzen haben, läuft stets Gefahr, dem Druck der Gruppe irgendwann nachzugeben. Dies schon deshalb, weil es zutiefst menschlich ist, Wert darauf zu legen, von seinen Kollegen anerkannt, statt ständig als „Moralapostel" oder „Kollegenschwein" ausgegrenzt zu werden.

Die Sprengkraft, die das „Groningen-Protokoll" entfaltete, hat denn auch längst die katholische Kirche alarmiert. Der Bischof von Groningen, Wim Eijk, sah sich veranlaßt klarzustellen, der Staat habe kein Recht, Ärzte zu ermächtigen, das Leben von Kleinkindern zu beenden, die nicht einmal ihrem eigenen Tod zustimmen könnten.[17]

Und sogar der Vatikan hielt es für erforderlich, ausführlich Stellung zu nehmen. In einer Erklärung der „Päpstlichen Akademie für das Leben" bezeichnete ihr damaliger Präsident, Erzbischof Elio Sgreccia, das „Groningen-Protokoll" als Übertretung der „letzten Grenze". Die zwischen den Ärzten und der niederländischen Staatsanwaltschaft getroffene Vereinbarung überschreite selbst die nach dem Vertrag von Helsinki „für klinische Versuche geltende Verbotsgrenze." Beim „Groningen-Protokoll" könne man weder von „Sterbehilfe" noch von „Beihilfe zum Selbstmord" sprechen. Vielmehr handele es sich um einen absichtlich herbeigeführten Tod zum Zweck der „Befreiung von Schmerzen" und damit „um Euthanasie im eigentlichen Sinn".

Es lasse sich „unschwer voraussehen, daß das Abgleiten auf der ‚schiefen Ebene' in den nächsten Jahren weitergehen und schließlich die erwachsenen Patienten einschließen wird, deren Zustand – so wird man behaupten – das Einholen ihrer Zustimmung unmöglich mache, wie zum Beispiel Geisteskranke oder Menschen, die sich im Dauerkoma oder im vegetativen Zustand (Wachkoma) befinden." Man müsse, so der Erzbischof, „ernsthaft an die Möglichkeit eines heraufziehenden Sozialdarwinismus denken", dessen Absicht es sei, „die Eliminierung der von Leiden und irgendwelchen Schäden betroffenen Menschen zu erleichtern, um die Gesellschaft insgesamt zu ‚narkotisieren'." Es sei Darwin gewesen, der „in der Errichtung von Irrenanstalten und Krankenhäusern sowie im Erlass von Gesetzen zur Unterstützung der Bedürftigen ein Hindernis für die menschliche Entwicklung" gesehen habe, weil diese „die natürliche Eliminierung der mit Mängeln behafteten Menschen" behindere und verzögere. Der Kurienbischof warnte vor einer Herrschaft „der Starken und Gesunden", die unter „der Logik des Primats der Wirtschaft" stünde und den Abschied von der „Ethik der Freiheit" und der „Ethik der Solidarität" bedeute.[18]

Der Kinderarzt Eduard Verhagen mag all das nicht wollen. Doch wie so oft, ist auch hier das „Gutgemeinte" das Gegenteil des „Guten". Zudem gibt es keinen vernünftigen Grund, warum eine Gesellschaft, die die Tötung von Neugeborenen nach dem „Groningen-Protokoll" akzeptiert, nicht auch der Tötung anderer nichteinwilligungsfähiger Personen unter ähnlichen Bedingungen zustimmen soll.

Wer tötet, fällt damit – außer im Falle der Notwehr, bei der die Tötung eines Angreifers zum Schutz des unschuldigen Opfers allenfalls ins Kauf genommen wird – immer auch zugleich ein abwertendes Urteil über den Wert derjenigen Existenz, die er beendet. Ob er dies beabsichtigt oder nicht, ob er sich dessen bewußt ist oder nicht, ändert daran nichts. Und wenn eine Gesellschaft Menschen das Fällen solcher Urteile gestattet, gibt es keinen letzten Halt mehr, gerät alles ins Rutschen.

Ganz anders ist dies, wenn der Arzt, was im Falle schwerstgeschädigter Neugeborener ebenso wie in anderen Fällen angeraten sein kann, eine über das jedem Menschen geschuldete Maß an Pflege hinausgehende Behandlung gar nicht erst aufnimmt und der Natur ihren Lauf läßt. Denn in diesen Fällen wird kein Urteil über den Wert des Lebens einer anderen Person gefällt. Es werden bloß die – trotz allem Fortschritt – immer begrenzt bleibenden Möglichkeiten des Arztes und seiner Kunst anerkannt.

Deswegen hatte Hufeland, der anders als heutige Ärzte noch beinah auf Schritt und Tritt mit den Grenzen ärztlicher Kunst konfrontiert war, auch recht, als er mit Blick auf seine eigene Zunft schrieb: „[Der Arzt] soll und darf nichts anderes thun, als Leben erhalten; ob es ein Glück oder ein Unglück sey, ob es Wert habe oder nicht, dies geht ihn nichts an. Und maßt er sich einmal an, diese Rücksicht in sein Geschäft aufzunehmen, so sind die Folgen unabsehbar, und der Arzt wird der gefährlichste Mensch im Staat.‟

Kapitel 5

Um die Moral zu heben, muß man die
Ansprüche senken."

Stanislaw Jerzy Lec
„Unfrisierte Gedanken"

Wenn Heiler töten

Wie Überforderung und Größenwahn zur Bedrohung für den Patienten werden.

Frauengefängnis Berlin-Pankow, Untersuchungshaftbereich: Im Frühjahr 2007 sitzt hier Irene B. ein. Die Krankenschwester, ausgebildet um Leben zu retten, steht unter Verdacht, sechs Menschen getötet und es bei weiteren versucht zu haben. Vier Fälle hat sie gestanden, doch von Tötung oder gar von Mord will die Angeklagte nicht sprechen. In ihrer Zelle, deren Wände Bilder von Che Guevara und Martin Luther schmücken, wehrt sie sich vor laufender Kamera gegen den Begriff „Töten". Das sei „sehr hart", sagt die heute 56jährige.

Ihre Mordserie will die Krankenschwester als ein „Eingreifen meinerseits" verstanden wissen, das Menschen die „Lebenszeit verkürzt" habe. Auch vom „inneren Frieden", den sie in sich trage und davon, daß ein Mensch den letzten Atemzug selber machen solle, ist die Rede.

Der Film des Journalisten Norbert Siegmund „Schwester Tod – Mord auf der Intensivstation",[1] der 2007 mit dem Film- und Fernsehpreis des Hartmannbundes ausgezeichnet und inzwischen mehrfach im öffentlich-rechtlichen Fernsehen ausgestrahlt wurde, ist weit davon entfernt, die Krankenschwester noch einmal vor Gericht zu stellen.

Ohne zu beschwichtigen oder zu beschönigen, aber auch ohne zusätzlich zu dramatisieren – etwa durch ausgeklügelte Kamera-Effekte oder martialische Musik – spürt der Film statt dessen der Frage nach, wie es überhaupt möglich war, daß eine Krankenschwester über den langen Zeitraum von mehr als einem Jahr hinweg Patienten unbemerkt töten konnte.

Die Befunde, welche die Reportage hierbei zutage fördert, müssen erschrecken. Die Statements, welche Experten, Richter und Angehörige der Opfer vor laufender Kamera abgeben, lassen den Schluß zu, daß es auch auf der Intensivstation 104 der Berliner Charité, Europas größtem Universitätsklinikum, nicht so weit hätte kommen müssen, wenn sich das Umfeld umsichtiger, aufmerksamer und konsequent verhalten hätte.

So soll Irene B. auf der Intensivstation 104, wo das Klima laut Zeugenaussagen „rauh" und die Arbeitsbelastung „oft extrem" gewesen sei, etwa Patienten geschlagen haben. Während des Prozesses hatte Irene B. zu diesem Vorwurf noch geschwiegen. Doch vor der Kamera Siegmunds versucht sie zu erklären: „Ich bin auch für die Sicherheit der Patienten zuständig gewesen", sagt Irene B. und läßt durchblicken, daß sie mit bloßem „Reden und Erklären" da manchmal an Grenzen gestoßen sei.[2]

„Vergleichbare Grobheiten sind an vielen Tatorten vorgekommen", zitiert der Film den Psychiater Karl Heinz Beine. Bei der Untersuchung von 43 Tötungsserien hat der Professor festgestellt, daß zu den Mustern, die immer wieder auftreten, übergriffiges Verhalten gegenüber Patienten zählt: „Diese Grobheiten geschehen aus einer Haltung bei den Helfern heraus, die sich anmaßt zu entscheiden, was gut und was nicht gut ist" und die „die Mittel selbstherrlich festlegt, die erforderlich sind, um das, was angeblich oder tatsächlich gut ist, auch durchzusetzen." Laut Beine stellen solche „Grenzverletzungen gegenüber Patienten" und „Respektlosigkeiten" stets einen „ernst zu nehmenden Frühwarnhinweis auf gefährliche Entwicklungen in einem Heim oder in einer Krankenhausstation" dar.[3]

Auch dem Vorsitzenden Richter Peter Faust fehlt dafür jedes Verständnis: „Es gibt innerhalb der Hierarchie Leute, die dafür zuständig sind, jemanden, der sich in dieser Weise grob fehlverhält, aus dem Arbeitsverhältnis zu entlassen. Man muß es nur einfach machen und nicht monatelang hinwarten und Überlegungen anstellen, die hier ja von großer Ängstlichkeit geprägt waren", erinnert sich Faust. „Man hatte Angst, vor arbeitsrechtlichen Verfahren, vor der Möglichkeit, vielleicht wegen Verleumdung belangt zu werden." Das seien zwar menschlich nachvollziehbare Überlegungen. „Wegen des überragend hohen Wertes, des zu schützenden Gutes" seien sie aber fehl am Platz. „Wenn es darum geht, daß schwerkranke Menschen drangsaliert oder gar körperlich mißhandelt werden, dann muß so eine Bedenkenträgerrei zurückstehen. Da kann es meiner Meinung nach keine Diskussion geben", präzisiert Faust.[4]

Doch auf der Intensivstation 104 blieben nicht „nur" solche Übergriffe folgenlos. Mehrfach soll Irene B. Hinweise auf ihr Tun gegeben haben. So klare, daß etwa Beine vermutet, die als „Schwester Tod" bekanntgewordene Krankenschwester habe entdeckt werden wollen. Ein Beispiel: Im Beisein einer anderen Schwester soll Irene B. einem Patienten das Beruhigungsmittel Dormicum 15 gespritzt haben, obwohl das weder nötig noch von einem Arzt angeordnet worden war. Als der Patient daraufhin aufgehört habe zu atmen, will die Kollegin nach dem Arzt gerufen haben, der den Patienten wiederbelebte. Über den Vorfall will die Krankenschwester sofort berichtet haben. Doch der zuständige Arzt habe nicht weiter reagiert.

Auch die Krankenschwester zeigte den möglichen Tötungsversuch erst mehr als ein Jahr später an. Genauer: Nach der Verhaftung von Irene B. Für Professor Beine gehört auch dieses Verhalten zu den Mustern, die sich bei den von ihm untersuchten Fällen immer wieder zeige: „Die Reaktionen des unmittelbaren beruflichen Umfelds sind in der Tat ein abgründiges Faszinosum. Da gab es Phänomene, die reichten von aktivem Nichtwissenwollen bis hin zu verdeckten Handlungsaufträgen in der Hoffnung, daß man selbst sich die Hände nicht schmutzig machen mußte, aber dem Grunde nach zu erkennen gab, daß man einverstanden war mit solchen Taten."[5]

Über einen Zeitraum von 16 Jahren tötete der US-amerikanische Krankenpfleger Charles Cullen mehr als 30 Patienten in zehn verschiedenen Krankenhäusern New Jerseys und Pennsylvanias. Nach Cullens Verhaftung im Jahr 2003 stellte sich heraus, daß es überall zahlreiche Hinweise auf seine Taten gegeben hatte. Doch statt diesen nachzugehen, entließen die um ihren Ruf fürchtenden Kliniken den Krankenpfleger jedes Mal so sang- und klanglos, daß dieser stets eine neue Anstellung fand und erneut mordete.[6]

Daß Ähnliches an der Charité der Fall gewesen sei, behauptet Beine nicht. Doch an einem läßt der Hochschullehrer keinen Zweifel: „Es war in nahezu allen anderen Fällen auch so, daß die Hierarchie eher eine Aufdeckungsbarriere dargestellt hat für die Tötungsserien, als daß sie hilfreich gewesen wären. Ganz verkürzt kann man vielleicht sagen, daß diese Taten aufgedeckt wurden gegen die Hierarchie."[7]

Aufschlußreich ist auch das Statement des Ärztlichen Direktors der Charité, Professor Dr. Ulrich Frei. Der räumt vor der Kamera immerhin Kommunikationsmängel ein und weist zudem auf einen ganz anderen Mangel hin: Geld. „Sie wissen, die Pflege wird knapp kalkuliert in ihrer personellen Ausstattung." Das „Phänomen der Industrialisierung des Krankenhauses" mit mehr Fällen pro Person oder pro Zeiteinheit habe auch das Krankenhaus voll ergriffen.[8]

Ganz vorne mit dabei war offenbar auch die Intensivstation 104. Zwischen den Statements zeigt die Kamera ein Plakat, das auf der Intensivstation 104 hing und die ökonomische Effizienz der Station – die einzige, die an der Charité damals schwarze Zahlen schrieb – feierte: Sinkende Ausgaben pro statistischem Patienten.

Der sehenswerte Film des TV-Journalisten Norbert Siegmund legt nahe: Auf der Intensivstation 104 der Berliner Charité ist es möglicherweise ein verhängnisvoller Cocktail gewesen, eine Mischung aus Anmaßung eines einzelnen sowie der vom Sparzwang verursachten chronischen Überforderung einer ganzen Station, die wenigstens fünf Patienten, vielleicht auch mehr, mit dem Leben bezahlt haben. Am 29. Juni 2007 verurteilte das Landgericht Berlin Irene B. wegen Mordes an fünf Patienten zu einer lebenslangen Haftstrafe.[9]

Serientötungen wie die von Irene B. sind ein globales Phänomen. Seit 1970 wurden weltweit 44 Mitarbeiter aus Gesundheitsberufen wegen Tötungsserien verurteilt. Die Zahl der nachgewiesenen Opfer belief sich auf 310 Personen. Noch höher war die Zahl der Verdachtsfälle. Mit

2.080 Fällen fast sieben Mal so hoch.[10] Doch die tatsächliche Dunkelziffer dürfte noch weit größer sein. So kommen repräsentative Studien aus den Vereinigten Staaten von Amerika und aus Australien zum Ergebnis, daß rund 20 Prozent der befragten Pflegekräfte mindestens einmal in ihrem Berufleben einen Patienten absichtlich und illegal getötet haben.[11]

Allein im deutschsprachigen Raum wurden zwischen 1976 und 2006 neun Tötungsserien aufgedeckt. So verurteilte das Landgericht Wuppertal den damals 46jährigen Krankenpfleger Rudi Z. im Jahr 1976 zu einer lebenslangen Freiheitsstrafe, nachdem ihm zwei Morde, vier Mordversuche und eine Körperverletzung nachgewiesen worden waren.

Der 32jährige Krankenpfleger Reinhard B. kam glimpflicher davon. Obwohl er überführt wurde, im Krankenhaus in Rheinfelden sieben Patienten tödliche Dosen von Herzglykosiden verabreicht zu haben, verurteilte das Landgericht Freiburg ihn wegen Körperverletzung mit Todesfolge in sieben Fällen lediglich zu einer siebenjährigen Haftstrafe.

Elf Jahre Haft wegen Totschlags in fünf Fällen, fahrlässiger Tötung und versuchten Totschlags in jeweils einem Fall bekam die 30jährige Krankenschwester Michaela R., die auf der Intensivstation des Wuppertaler St.-Petrus-Krankenhauses in den Jahren 1985 und 1986 sieben Patienten mit Kaliumchlorid und Clodinin getötet hatte.

1991 wurden in Wien die Krankenpflegehelferinnen Waltraud W. (15 Morde, 16 Mordversuche), Irene L. (drei Morde, zwei Beihilfen zum Mord), Maria G. (zwei Mordversuche) und Stephanie M. (sieben Mordversuche) verurteilt und erhielten lebenslange beziehungsweise 15- und 20jährige Haftstrafen.

1993 verurteilte das Landgericht Bielefeld den damals 36jährigen Pfleger Wolfgang L. wegen Totschlags in zehn Fällen zu einer 15jährigen Freiheitsstrafe. Er hatte im Verlauf eines Jahres zehn Patienten auf der Intensivstation der Westfälischen Klinik Gütersloh getötet. Im Februar 2006 bestätigte das Luzerner Obergericht in einem Berufsverfahren ein erstinstanzliches Urteil, das gegen den Krankenpfleger Roger A. eine lebenslange Haftstrafe wegen siebenfachen Mordes, 15fachen Totschlags und fünf Tötungsversuchen verhängt hatte. Ebenfalls im Februar 2006 verurteilte das Landgericht Bonn die 27jährige Altenpflegerin Michael G., die zwischen 2003 und 2005 in einem Alten- und Pflegeheim in Wachtberg acht Heimbewohner getötet hatte zu lebenslänglich. Im November 2006 verhängte das Landgericht Kempten gegen den 28jährigen Krankenpfleger Stephan L. eine lebenslange Haftstrafe wegen 12fachen Mordes und 15fachen Todschlag. In einem Fall erkannte das Gericht auf „Tötung auf Verlangen". Dem auch als „Todespfleger von Sonthofen" bekannten Mann konnte die Tötung von insgesamt 28 Patienten binnen eines Zeitraums von 18 Monaten nachgewiesen werden.[12]

Wie viele Patiententötungen unentdeckt bleiben, weiß niemand. Schlimmer ist: Wie es scheint, will dies auch so gut wie niemand wissen. Seit Jahren werden in Deutschland bei annähernd gleich bleibenden Todesfällen – rund 850.000 pro Jahr – immer weniger Obduktionen durchgeführt. Am stärksten ist der Rückgang bei den klinischen Obduktionen.[13] „Klinische Obduktionen", erklärt Burkhard Madea, Direktor des Instituts für Rechtsmedizin der Rheinischen Friedrich-Wilhelms-Universität Bonn, „werden nahezu ausschließlich bei Verstorbenen durchgeführt, die zuvor stationär behandelt wurden."[14] Hier sank die Zahl der Obduktionen in den letzten Jahren um rund ein Viertel, von 4,2 auf 3,1 Prozent.[15] Besonders anschaulich ist der Rückgang in Bundesländern, die vormals eine hohe Obduktionsrate aufwiesen. So sank die Zahl der klinischen Obduktionen in Berlin in den letzten Jahren beispielsweise von 9,6 auf 5,5 und in Hamburg von 12,3 auf 6 Prozent.[16] Und dies obwohl sich mit den heutigen Obduktionsmethoden laut Madea bis zu 95 Prozent der Todesursachen zuverlässig klären ließen.[17] Auch an Gründen für mehr Obduktionen mangelt es nicht. Bereits 1997 wies der inzwischen emeritierte Münsteraner Rechtsmediziner Bernd Brinkmann in einer großangelegten, multizentrischen Studie nach, daß bei den durchgeführten Leichenschauen viel zu oft eine „natürliche Todesursache" festgestellt werde. Bei 92 von 350 Fällen, bei denen die begutachtenden Ärzte eine „natürliche Todesursache" auf dem Totenschein vermerkt hatten, stellten Rechtmediziner im nachhinein eine „nicht natürliche Todesursache" fest. In zehn Fällen handelte es sich dabei um nicht erkannte Tötungsdelikte.[18]

Ein Grund für derartige Schlampereien: das Geld. Eine sorgfältig durchgeführte Leichenschau kostet Zeit. Zeit, die offenbar nur unzureichend vergütet wird: „Bei der Leichenschau gibt es oft Scherereien mit der Kassen-Abrechnung", weiß Günther Jonitz, Präsident der Ärztekammer Berlin. Krankenhäuser zahlten bei den Obduktionen sogar „drauf."[19] Was immerhin erklären würde, warum vor allen die klinischen Obduktionen so rapide zurückgegangen sind.

„Es muß bekannt werden, daß es kaum einen idealeren Tatort für kaschierte Tötungen gibt als Krankenhäuser und Heime", resümiert Beine und fordert mehr Kontrolle: Unerklärliche Medikamentenbestellungen und -vergaben sollten hinterfragt, Leichenschauen und toxikologische Untersuchungen intensiviert werden. Der Verwendung bezeichnender Spitznamen sowie einer besonders zynischen Sprache müßten mehr Aufmerksamkeit gewidmet werden.[20]

Eigentlich unvorstellbar, aber wahr: „Bereits im Vorfeld ihrer Entdeckungen" wurden einige Täter „mit einschlägigen Spitznamen belegt." Im Kollegenkreis wurden zum Beispiel Michaela R. als „Todesengel", Wolfgang L. als „Vollstrecker" und Waltraud W. als „Hexe" tituliert. Nicht selten erscheine das Verhalten, das die direkten Kollegen der tötenden Heiler an den Tag legten, wie „aktives Nichtwissenwollen".[21]

Wie Beine herausgefunden hat, beruhen „die entscheidenden Impulse" für die Krankentötungen eher auf der „Persönlichkeit des Täters" und ihrem unmittelbaren beruflichen Umfeld als auf den „Leiden der Opfer". Dabei geschahen die Taten sowohl dort, „wo die Belastung als durchschnittlich oder sogar unterdurchschnittlich eingeschätzt wurde, wie dort (...) wo die Verhältnisse eindeutig überfordernd und gestört waren." „Es gab Patiententötungen an Orten, wo regelmäßig Dienstgespräche und Balint-Gruppen üblich waren, wie an Orten, wo gemeinsame Konferenzen fehlten." Als Balint-Gruppen werden Arbeitsgruppen bezeichnet, in denen sich Ärzte und ihre Mitarbeiter treffen, um unter der Leitung eines erfahrenen Psychotherapeuten über Probleme am Arbeitsplatz zu sprechen. Nahezu alle Täter hätten eine „überdurchschnittlich große primäre Selbstunsicherheit" besessen. „Bei mehreren Tätern bestand die Neigung, sich als Leiter vorbildlich geführter Stationen oder Heime zu präsentieren. In diesen Fällen waren deutliche Macht- und Dominanzbestrebungen vorhanden."[22]

Laut Beine verweisen die Tötungsserien aber „auch auf die Unfähigkeit einer Gesellschaft, den Umgang mit Sterben und den Tod zur selbstverständlichen Gemeinschaftsaufgabe zu machen und die letzte Lebenszeit nicht an Spezialinstitutionen zu delegieren." Im Zuge der zunehmend arbeitsteiligen Operationen der modernen Industriegesellschaften seien Tod, Leiden und die damit verbundenen Erfahrungen zunehmend aus der Öffentlichkeit verschwunden und in spezialisierte Einrichtungen ausgelagert worden. Gleichzeitig werde von den Mitarbeitern dieser Spezialeinrichtungen aber gefordert, „daß sie Tugenden wie Mitgefühl, Geduld und Freundlichkeit im Umgang mit leidenden und sterbenden Menschen" lebten.[23] Mit anderen Worten: Ärzte und Pfleger sollen im Umgang mit Kranken und Sterbenden eine Haltung an den Tag legen, die sie selbst immer seltener erfahren.

Auch für den Palliativmediziner Christoph Student, einem der Pioniere der Hospizbewegung in Deutschland, und den Jura-Professor Thomas Klie, Vizepräsident der Deutschen Gesellschaft für Gerontologie und Geriatrie, repräsentieren die „erschreckenden Daten" von Patiententötungen letztlich auch das, was „gesamtgesellschaftlich gedacht" und „von einer Mehrheit für richtig gehalten" wird. Ohne die Taten der tötenden Ärzte und Pfleger und Krankenschwestern auch nur im entferntesten zu entschuldigen, fragen die Experten gleichwohl: „Welche Wirkung muß es gerade auf potentielle Täterinnen und Täter haben, wenn menschliches Leben immer wieder öffentlich in Frage gestellt wird?" Dabei sparen die beiden Protestanten auch nicht mit Kritik an der eigenen Kirche: „Wenn zum Beispiel selbst die Evangelische Kirche in Deutschland in ihrem Eckpunktepapier zur Patientenverfügung die Tötung von schwerstbehinderten Menschen im Wachkoma durch Beendigung der Nahrungszufuhr als plausible Denkmöglichkeit diskutiert", dann könne sich das auf die Entwicklung der Moral eigentlich nur „desaströs" auswirken.[24]

„Um die Moral zu heben, muß man die Ansprüche senken", heißt es in den „Unfrisierten Gedanken" des polnischen Aphoristikers Stanislaw Lec. Was Lec selbstverständlich noch satirisch meinte, scheint leider heute für nicht wenige Zeitgenossen eine tatsächlich akzeptable Maxime darzustellen. Das mag ziemlich bequem sein, ist jedoch nur eine Seite der Medaille. Die andere ist weit weniger verlockend. Denn wo dergleichen akzeptiert wird, kann niemand sicher sein, nicht selbst Opfer einer derart „gehobenen Moral" zu werden.

Kapitel 6

Das Sterben gehört zu den Spielregeln."

Stephan Lackner
Schriftsteller, Kunstsammler

Leben und Sterben lassen

Über den Segen der Intensivmedizin und das Kreuz mit ihr.

„Ein Schwerstkranker unter maximalen intensivmedizini-schen Maßnahmen wirkt derart abschreckend und entper-sönlicht, daß der sogenannte normale Menschenverstand kaum anders kann, als dies als unmenschlich abzulehnen", weiß Volker Schumpelick, Präsident der Deutschen Gesell-schaft für Chirurgie. Allein das Volumen der den Kranken umgebenden Maschinen und die Notwendigkeit, annäh-rend im Minutentakt am Patienten Vorrichtungen vorzu-nehmen, stießen auf einhellige Ablehnung der Angehöri-gen. Einsam kämpften auf den Intensivstationen Ärzte um das Leben der Schwerstkranken und ernteten „dafür nicht selten Hohn, Ablehnung und Verachtung", klagt Schumpe-lick.[1]

Selbst prominente Befürworter eines Ausbaus von Hos-pizen und der Palliativmedizin wehren sich gegen das Zerr-bild, das vielerorts von der Intensivmedizin gezeichnet wird. So bemängeln etwa Klie und Studenten, häufig werde verkannt, daß „die intensivmedizinische Behandlung für die meisten Patienten gar nicht so unerträglich ist", wie es die Bilder in den Medien nahelegten.[2]

Das bestätigen bisweilen auch Patienten. Eine von ihnen ist Susanne Schneider. Sieben Monate hat die Textchefin des Magazins der „Süddeutschen Zeitung" (SZ) wegen eines Tumors des Nervensystems und der Entfernung eines Lungenflügels auf einer Intensivstation zubringen müssen.

In einem lesenswerten Beitrag für das „SZ-Magazin", der die Überschrift trägt: „Hurra, ich lebe noch!", verarbeitete die Journalistin anschließend ihre Erfahrungen.[3] Schilderungen von menschenunwürdigen Zuständen sucht man darin vergebens. Im Gegenteil: „Daß man als Patient im Krankenhaus nur noch wie eine Nummer behandelt wird, kann ich nicht unterschreiben", schreibt Schneider. „Die Ärzte und Pfleger haben sich für mich, mit Verlaub, den Arsch aufgerissen. Nicht immer alle, aber die meisten, meistens. Als ich knapp am Tode vorbeischrappte, stand 24 Stunden einer von ihnen an meinem Bett, manchmal zwei. Selbst wenn einer nur auf's Klo mußte, hat er Ersatz geholt."

Und als es der Zustand der Langzeitpatientin erlaubte, schoben eine Schwester und ein Pfleger sie „samt Bett" hinaus, damit sie „den Frühling schnuppern konnte".[4]

Eine die Würde des Menschen verachtende Medizin sieht anders aus. Natürlich könnte sich der von Schumpelick „normale Menschenverstand" auch im Falle der Journalistin an Äußerlichkeiten aufhalten. Zum Beispiel an dem Anblick, den die Patientin auf der Intensivstation bot: „Ich war so aufgequollen und aufgedunsen und hatte so viele Schläuche, Nadeln und Kanülen in meinem Körper, daß meine Tochter einmal bei 49 aufgehört hat zu zählen. Manchmal wußte keiner mehr, wo er hinstechen sollte, um mir noch ein Medikament zu injizieren."[5]

In unserer vielfach hedonistischen Gesellschaft, die Krieg nur aus dem Fernsehen kennt und Leid, Sterben und Tod aus ihrem Gesichtsfeld verbannt hat, braucht es freilich nicht zu wundern, daß der Ästhetik viel zu oft Vorrang vor der Ethik eingeräumt wird. Das ahnten offenbar auch

Susanne Schneiders Angehörige: „Mein Anblick war so furchterregend, daß sie nicht wollten, daß mich jemand anders sah."[6]

Und weil die Patientin die meiste Zeit nicht sprechen konnte, hätte vermutlich auch niemand anderes als die Familienangehörigen und enge Freunde wahrgenommen, wie sich die Patientin tatsächlich fühlte: „Ich lag viele Wochen da, in denen es mir ganz gut ging: ich war zwar schwach, aber fröhlich, solange man mir nicht die Beatmungsmaschine wegnahm und ich selbst atmen mußte."[7]

Ohne Intensivmedizin hätte Susanne Schneider – wie zahllose andere Menschen – nicht überlebt. Ohne Intensivmedizin wäre in ihrem Fall die Tochter der Mutter, der Mann seiner Frau, die Redaktion ihrer Textchefin und wir alle lesenwerter Texte beraubt worden. Der „normale Menschenverstand", dem Schumpelick täglich begegnet, ist also offenbar nicht identisch mit dem „gesunden Menschenverstand", den zu besitzen die allermeisten Menschen zumindest begehren.

Das schließt nicht aus, daß Patienten – insbesondere am Lebensende – auch übertherapiert werden und ihre Leiden vermehrt statt gemindert werden. Laut Stephan Sahm, Chefarzt am Ketteler Krankenhaus in Offenbach und Lehrbeauftragter für Ethik in der Medizin am Fachbereich Medizin der Universität Frankfurt, muß eine Übertherapie – „und sei sie in der vermeintlich guten Absicht ausgeführt, nichts unversucht zu lassen" – deshalb auch „zu den Fehlern der ärztlichen Kunst gerechnet werden."[8]

„Sterben", heißt es bei dem deutsch-amerikanischen Schriftsteller Stephan Lackner, „gehört zu den Spielregeln". Und es ist ein offenes Geheimnis, daß dies nicht jeder Arzt gleich gut akzeptieren kann. „Der Tod – jeder einzelne Tod – ist eine Niederlage in dem Kampf, in dem meine Kollegen und ich täglich, allnächtlich stehen. Der Tod hat auf unserer Station nichts zu suchen. Er ist hier Persona non grata. Er ist unser Feind. Und obwohl wir wissen, daß er doch umgeht und uns letztlich immer besiegt, wollen wir davon nichts wissen", schrieb vor einigen Jahren ein Assistenzarzt, der aus Angst vor Repressalien anonym blieb, in einem aufsehenerregenden Zeitungsbeitrag, in dem er sich kritisch mit der Intensivmedizin auseinandersetzte.[9] Vom elften Gebot, das unsichtbar über den Betten der Patienten stehe und laute: „Du sollst nicht sterben", war darin ebenso die Rede wie vom Verfall der „hippokratischen Kunst", die als „Heilkunst" begonnen habe und nun als „Kunst des Krieges gegen den Tod" ende. Mit dem Patienten als „Opfer".[10]

Und es stimmt: Auch das ist bisweilen Realität. Vor allem dort, wo im Zuge der wachsenden Ökonomisierung des Gesundheitswesens und Zielen, wie mehr Patienten pro Arzt und Zeiteinheit zu therapieren seien, oft nur noch schematisch vorgegangen werden kann. Übersehen wird dabei, daß sich mit Hilfe von Checklisten und Diagnose-Computern zwar Autos und Flugzeuge zuverlässig warten lassen, aber eben keine Menschen.

Wo Ärzte zu stark auf das jeweilige Leiden fokussiert sind und nur noch „Herzen" oder „Bauchspeicheldrüsen machen", dort drohen die „Halter" der Herzen und Bauchspeicheldrüsen an den Rand des Blickfelds zu geraten und laufen Gefahr, wie in einer Autowerkstatt vornehmlich als Rechnungsempfänger wahrgenommen zu werden.

Andererseits führt die zunehmende Überalterung der Gesellschaft und der wachsende Kostendruck im Gesundheitswesen aber auch dazu, daß für den Erhalt von

„Herzen" und „Bauchspeicheldrüsen" bereits heute – und noch mehr in Zukunft – nicht mehr alles Erdenkliche getan wird. Und weil ein Tag auf der Intensivstation pro Patient im Schnitt zwischen 1.200 und 2.000 Euro kostet und damit vier- bis fünfmal so teuer ist, wie ein Tag auf einer „normalen" Station,[11] werden Stationsärzte, die um den „guten Ruf" ihrer Station fürchten, in Zukunft auch immer seltener Patienten „zum Sterben" auf eine Intensivstation verlegen können.[12]

Darüber hinaus haben sowohl die Hospizbewegung als auch alternative Therapieansätze, die großen Wert auf eine ganzheitliche Betrachtung von Patienten und ihren Leiden legen, mittlerweile eine ganze Reihe Spuren hinterlassen. Schon heute seien Therapiebegrenzungen, versichert der Krebsspezialist Stephan Sahm, „Teil der medizinischen Routine." Die Vorstellung, „Ärzte seien stets verpflichtet, immer alles zu tun", und würden sich daher nur in seltenen Fällen für eine Therapiebegrenzung entscheiden, sei falsch.[13]

Laut Enrique Prat, Geschäftsführer des Instituts für Medizinische Anthropologie und Bioethik (IMABE) in Wien, müssen für jede ethisch vertretbare Therapiereduktion jedoch grundsätzlich folgende Bedingungen erfüllt sein. Erstens: „Der Krankheitsprozeß ist weit fortgeschritten." Zweitens: „Es existiert keine erprobte therapeutische Maßnahme, die noch eine wissenschaftlich halbwegs gesicherte Aussicht auf Erfolg hat." Und schließlich: „Es sind unerwünschte (gefährliche) Nebenwirkungen zu erwarten."[14]

Die Feststellung, daß alle drei Bedingungen erfüllt sind, erfordert eine Kompetenz, die nur der Arzt besitzt. Deshalb ist es – zumal für den medizinischen Laien – auch so gut wie nie erkennbar, ob ein Patient am Lebensende tatsächlich „gewaltsam am Sterben gehindert wird" (Robert Spaemann) oder ob der Arzt bloß seiner Pflicht nachkommt, das Leben zu bewahren und sich daher weigert, den Patienten vorzeitig aufzugeben. Dies gilt um so mehr, als die einzelnen „Parameter zur Bestimmung des ‚point of no return' (…) meistens schwer erkennbar" sind,[15] weshalb die Frage, ob der Sterbeprozeß bei einem Patienten bereits eingesetzt hat oder nicht, selbst von Spezialisten unterschiedlich beantwortet wird.

Zwar läßt sich mit Schumpelick das Sterben als das „Erlöschen der Vitalfunktion mit infauster, das heißt hoffnungsloser Prognose"[16] hinreichend gut definieren. Doch weil die Medizin eben eine Kunst und – anders als etwa die Chemie – keine exakte Wissenschaft und ein menschlicher Organismus mehr als bloß eine biochemische Maschine ist, läßt sich nur selten mit Gewißheit sagen, „daß eine Therapie, die oft geholfen hat, ab einem gewissen Stadium nicht mehr helfen wird", beziehungsweise „daß das, was drei oder vier Mal vergeblich versucht worden ist, beim fünften oder sechsten Mal nicht doch wirken würde."[17]

Mit anderen Worten: Nicht jede Diagnose, die sich hinterher als Fehldiagnose herausstellt, war auch zu dem Zeitpunkt, zu dem sie gestellt wurde, schon vermeidbar, und nicht jede Therapie, die nicht anschlägt, deshalb auch schon bloßer medizinischer Aktionismus im Kampf gegen den Tod. Wer daher kritisiert, daß Ärzte etwas ethisch Zulässiges versucht zu haben, bloß weil es am Ende nicht von Erfolg gekrönt war, der muß auch Lehrern und Professoren vorwerfen, daß sie immer noch versuchen, Schüler und Studenten zu unterrichten. Denn auch hier gilt: Das, was üblicherweise zum Erfolg führt, kann im Einzelfall durchaus ohne jede Wirkung bleiben.

Selbstverständlich gibt es Fälle, in denen es zum Beispiel geboten ist, einem Sterbenden kein kreislaufstabilisierendes Mittel mehr zu geben und sich nur noch auf das Lindern von Schmerzen und das Trösten zu beschränken, was neben dem Heilen zu den „drei klassischen Zielsetzungen ärztlicher Kunst" gehört.[18] Ethisch richtig handelt in einem solchen Fall jedoch nur der Arzt, der zuvor zu der Gewißheit gelangt ist, daß der Patient bereits zu sterben begonnen hat.

Kritisieren läßt sich hingegen, daß viele Ärzte immer noch viel zu selten ihre Abwägungen und Entscheidungen gegenüber Patienten und ihren Angehörigen verständlich und nachvollziehbar kommunizieren. Umgekehrt müssen Patienten und Angehörige jedoch häufig erst noch lernen anzuerkennen, daß das Eingeständnis diagnostischer Unsicherheit oder gar medizinischer Ohnmacht nicht gleichbedeutend mit dem Eingeständnis fehlender ärztlicher Kompetenz ist, sondern in vielen Fällen ein Erweis eben solcher wäre.

Kapitel 7

Ich habe keine Angst vor dem Sterben. Ich möchte bloß nicht dabei sein, wenn es passiert."

Woody Allen
eigtl. Allen Stewart Konigsberg,
US-amerikanischer Regisseur

Vorsorge oder Euthanasie auf Umwegen?

Über die Risiken und Nebenwirkungen von Patientenverfügungen.

Noch Anfang des 20. Jahrhunderts starben rund 80 Prozent der Deutschen zu Hause.[1] Ging es ans Sterben, versammelte sich oft die ganze Familie im Zimmer des Todkranken. Man nahm voneinander Abschied, begleitete den Sterbenden auf seinem Weg aus diesem Leben, betete für das Heil seiner Seele in der kommenden Welt und stand ihm – so gut man eben konnte – in seinem letzten Ringen bei.

Heute, am Beginn des 21. Jahrhunderts, sind es gerade einmal 20 Prozent, die derart privilegiert sterben.[2] Und obgleich auch heute noch die allermeisten Menschen zu Hause sterben möchten, ereilt der Tod heute rund 80 Prozent der Deutschen in Krankenhäusern und Pflegeheimen.[3] Dort erhalten sie zwar meist eine medizinische Versorgung, die alles in den Schatten stellt, was früheren Generationen zuteil wurde, an darüber hinausreichender Zuwendung mangelt es hingegen nicht selten.

Sei es, weil viele Sterbende heute gar keine Nachkommen mehr haben, die sie am Ende ihres Lebens begleiten könnten. Sei es, weil diese sich der Aufgabe, einem Menschen in seinen letzten Stunden beizustehen, nicht gewachsen fühlen und ihn daher rechtzeitig in „professionelle Hände" delegiert haben. Sei es, weil die „Ich-AG" für manche nicht bloß ein Geschäftsmodell darstellt, sondern auch zur Lebensmaxime geworden ist: „Rufen Sie mich an, wenn die Mutter tot ist" – auch das bekommen heute, so oder ähnlich, Pfleger und Pflegerinnen zu hören.

Die in ihren Folgen weithin unterschätzte Entchristlichung der Gesellschaft; die Erosion der Familie, die – selbst dort, wo sie sich reich an Konflikten präsentiert – im Vergleich mit anderen Institutionen nicht nur als überschaubarer, sondern auch als verläßlicher gelten darf; die Ökonomisierung des Gesundheitswesens, die immer häufiger statt zu einer echten Solidarisierung mit dem Patienten bloß zu einer Solidarisierung mit seinem Geldbeutel führt; all dies hat die Angst vor dem Sterben, die Menschen zu allen Zeiten empfunden haben, immer mehr außer Kontrolle geraten lassen und zu einer regelrechten „Verwilderung" des Umgangs mit Sterben und Tod geführt.

Der unausweichliche Akt des Sterbens scheint, so könnte man meinen, heute viele Menschen in dem Maße zu überfordern, in dem der einzelne ihn auf sich selbst gestellt, fernab von ihm nahestehenden Menschen und bar jeder Hoffnung auf ein Weiterleben der Seele in einem wie auch immer gearteten Jenseits, bewältigen soll.

Trifft dies zu, dann darf es – erst recht in Zeiten eines ausufernden Individualismus – allerdings auch nicht wundern, daß Menschen versuchen, selbst ihr Sterben noch zu regeln, in der Hoffnung, die mit dem Sterben verbundenen Zumutungen auf diese Weise irgendwie erträglicher gestalten zu können. Als Mittel der Wahl betrachten heute nicht wenige Menschen dabei die Möglichkeit, sogenannte „Patientenverfügungen" abzufassen.

Als „Patientenverfügungen" werden Dokumente bezeichnet, in denen einwilligungsfähige Menschen für den Fall, daß sie sich einmal nicht mehr äußern können, vorsorglich fixieren, welche Behandlungen bei ihnen im Falle einer bestimmten Krankheit durchgeführt und welche unterlassen werden sollen. Derzeit kursieren in Deutschland rund 180 Versionen solcher Verfügungen, die sich in Form, Inhalt und Ausführlichkeit erheblich unterscheiden. Sie firmieren auch unter Titeln wie: „Patientenanwaltschaft", „Patiententestament", „Patientenbrief", „Vorausverfügung" und dergleichen mehr.

Für die Abfassung solcher Schriftstücke gibt es vor allem drei Gründe. Während die einen mittels der Patientenverfügung sicherstellen wollen, daß sie von Ärzten nicht frühzeitig aufgegeben werden, wollen die anderen mit der Erklärung der Gefahr einer „Übertherapie" wehren. Wieder andere wollen mit einer Patientenverfügung erreichen, daß ein von ihnen als nicht mehr „lebenswert" erachtetes Leben ein möglichst rasches Ende findet.

Welche Motivation im Einzelfall auch immer den Ausschlag für die Erstellung einer Patientenverfügung gibt, meist muß sie – zumindest in den ersten beiden Fällen – als Ausweis eines tiefen Mißtrauens verstanden werden, das diese Menschen ihren im Gesundheitswesen tätigen Mitmenschen entgegenbringen.

Insofern stellt das Bemühen der Politik, Patientenverfügungen einen rechtsverbindlichen Charakter zu verleihen, unabhängig von der konkreten Ausgestaltung, zugleich eine Kapitulation vor den Mißständen im Gesundheitswesen dar. Denn statt auf ihre Behebung zielt die Regelung des rechtlichen Status von Patientenverfügungen letztlich nur darauf ab, die negativen Auswirkungen des aktuellen

Medizinbetriebs zu begrenzen und greift damit zu kurz.

Weil zudem Recht bekanntlich Moral nicht zu ersetzen vermag, läuft – mit Ausnahme des Verbots – hier jede rechtliche Regelung letztlich Gefahr, zur Akzeptanz von Mißständen beizutragen und führt – wie etwa die gesetzliche Regelung von Abtreibungen zeigt – mitunter gar zu deren Zementierung.

Natürlich könnte man sich auf den Standpunkt stellen, daß die Mißstände in unserem Gesundheitswesen bereits derart gravierend seien, daß an eine erfolgversprechende Korrektur gar nicht mehr zu denken sei und die rechtliche Regelung von Patientenverfügungen daher die einzige verbleibende Möglichkeit sei, um Patienten zumindest vor einigen Auswirkungen der furchtbaren Mißstände des Medizinbetriebs zu schützen.

Da aber niemand einen solchen Standpunkt vertritt, muß es für das Bestreben der Politik, Patientenverfügungen gesetzlich zu regeln, einen oder mehrere andere Gründe geben. Und genauso ist es. Wobei Inkompetenz und Dummheit – wie wir gleich sehen werden – noch die harmloseren sind.

Die Initialzündung für eine rechtliche Regelung von Patientenverfügungen kam allerdings weder aus den Reihen der Politik noch von seiten der Verbände, sondern vom Bundesgerichtshof (BGH). Dessen 12. Senat nutzte ein Verfahren, bei dem er entscheiden sollte, ob ein vom Betreuer eines ins Koma gefallenen Patienten verlangter Abbruch der künstlichen Ernährung mit den in der Patientenverfügung niedergelegten Wünschen des Patienten übereinstimmte, um selbst Politik zu machen. Ohne daß der Gesetzgeber eine entsprechende Regelung getroffen hatte, entschied der BGH im Frühjahr 2003, daß Patientenverfügungen grundsätzlich als rechtsverbindlich erachtet werden müssen und als Ausdruck des Selbstbestimmungsrechtes eines Patienten zu betrachten seien. Dem Gesetzgeber trug er auf, Unklarheiten hinsichtlich der Durchsetzbarkeit von Patientenverfügungen zu beseitigen.[4]

Bundesjustizministerin Brigitte Zypries (SPD) berief daraufhin unter der Leitung des ehemaligen Vorsitzenden Richters am BGH, Klaus Kutzer, eine 21köpfige Arbeitsgruppe „Patientenautonomie am Lebensende", in der auch Vertreter der Bundesärztekammer, der Kirchen sowie der Wohlfahrtsverbände mitwirkten, und beauftragte sie, Eckpunkte für die Abfassung einer Patientenverfügung zu erarbeiten. Ferner sollte das Gremium prüfen, ob Gesetzesänderungen in diesem Bereich erforderlich seien, und gegebenenfalls Vorschläge hierfür erarbeiten.

Am 10. Juni 2004 legte die Arbeitsgruppe ihren Abschlußbericht vor.[5] Soweit sich die Arbeitsgruppe darin mit der Formulierung von Patientenverfügungen beschäftigte, ist man ihr durchaus zu Dank verpflichtet. Denn anstatt einen konsistenten Entwurf einer rechtlich unanfechtbaren Patientenverfügung vorzulegen, präsentierte das Gremium hier lediglich Textbausteine. Grund hierfür war nicht etwa Arbeitsverweigerung, sondern die Erkenntnis, daß in vielen Situationen Voraussagen über das Ergebnis medizinischer Maßnahmen und mögliche Folgeschäden im Einzelfall kaum möglich sind. Der zehnseitige Formulierungskatalog, der rund 170 Kombinationsmöglichkeiten beinhaltet, machte denn auch jedem Leser unmißverständlich klar, was sich derjenige aufhalst, der vorhat, es mit der „Patientenautonomie am Lebensende" genauzunehmen. Insofern bestätigte denn auch dieser Katalog letztlich vor allem jene Zweifel, die andere Experten schon länger an Patientenverfügungen hegten.

Laut dem ehemaligen Gesamtleiter des Hospizes Stuttgart, Christoph Student, sind Patientenverfügungen überhaupt kein probates Mittel, um ein „Sterben in Würde" zu garantieren. „Diese Vorstellung gelte bestenfalls in der Theorie", erklärte der Professor auf einer Tagung der „Juristen-Vereinigung Lebensrecht" im Mai 2004 in Köln. „In der Realität des Alltages" erwiesen sich Patientenverfügungen vielmehr als ein „dubioses Instrument", deren Sicherungskonsequenz als strittig bezeichnet werden müsse. Dies liege „nicht zuletzt daran, daß Wünsche eines Menschen in gesunden Tagen nur schwer übertragen werden können auf seine Bedürfnisse und Ansprüche im Zustand schwerer Krankheit." Im Extremfall versuchten Patientenverfügungen daher etwas zu regeln, das „letztlich unter solchen Umständen gar nicht regelungsfähig ist".[6]

Daß dem so ist, weiß auch Stephan Sahm. 2006 legte der Onkologe und Chefarzt am Ketteler Krankenhaus in Offenbach die bislang einzige empirische Untersuchung im deutschsprachigen Raum vor, bei der die Akzeptanz von Patientenverfügungen bei Gesunden mit der Akzeptanz solcher Vorausverfügungen bei Schwerstkranken sowie Pflegenden und Ärzten mittels eines detaillierten Fragebogens erhoben und verglichen wurde. Für die zwar nicht repräsentative, dafür aber akribisch und gewissenhaft durchgeführte Studie wurden „jeweils 100 Tumorpatienten, gesunde Kontrollpersonen, Pflegende und Ärzte" ausführlich befragt.[7]

Danach lehnen gesunde Menschen eine künstliche Ernährung, eine Behandlung mit Antibiotika sowie mit Schmerzmitteln, eine Chemotherapie, eine Dialyse sowie eine künstliche Beatmung stets signifikant häufiger ab als Patienten, bei denen ein Tumor diagnostiziert wurde.[8]

Laut Sahm muß dieser Befund „als Beleg für die Annahme eines Wechsels der Perspektive angesehen werden."[9] Unter einem Wechsel der Perspektive versteht man in diesem Fall eine Änderung von Behandlungswünschen beziehungsweise die Bereitschaft von Menschen, auch zuvor abgelehnte Therapie-Belastungen in Kauf zu nehmen, sobald bei ihnen eine bedrohliche Krankheit diagnostiziert wurde.

Wie weit ein solcher Perspektivenwechsel reicht, verdeutlicht eine britische Studie, für die 21 vom Hals ab gelähmte Patienten befragt wurden, ob sie es nicht vorziehen würden, wenn die künstliche Beatmung, die sie am Leben erhielt, eingestellt würde. 18 der ans Bett gefesselten und durch ihr Leiden zur Bewegungslosigkeit verurteilten Patienten, deren Leben Juristen wie der zu Beginn des Buches zitierte Bonner Strafrechtler Günther Jakobs wohl nur noch als „sinnlos" betrachten würden, verbaten sich daraufhin die Frage. Nur ein einziger gab an, einen solchen Schritt tatsächlich zu begrüßen.[10]

Das zeigt: Wer für bare Münze zu nehmen wünscht, was Menschen im Vollbesitz ihrer geistigen und körperlichen Kräfte in Patientenverfügungen für den Fall vorsehen, daß sich an diesem Zustand einmal etwas radikal ändert, der kann genausogut Blinden die Eignung zum Farbberater attestieren. Denn in beiden Fällen liegt das, was von den Betreffenden verlangt wird, schlicht außerhalb dessen, was für sie hinreichend vorstellbar und damit leistbar ist.

Doch damit nicht genug. In der Praxis können nicht einmal diejenigen, bei denen es zu keinem Wechsel der Perspektive kommt, sicher sein, daß sie am Ende auch genau die Therapie bekommen, die sie sich erhofften, als sie ihre Patientenverfügung erstellten. Verfügt zum Beispiel ein Patient, daß er keine Maximaltherapie für den Fall wünscht, daß er nach einer infausten – das heißt hoffnungslosen – Prognose eines Leidens das Bewußtsein verliert, dann hat er damit zwar eine ethisch akzeptable Entscheidung getroffen, die weder von ihm noch vom Arzt ein Unrecht verlangt. Um aber auch tatsächlich zu erhalten, was er – in diesem Fall alles andere als laienhaft – verfügt hat, bleibt er jedoch darauf angewiesen, daß der ihn behandelnde Arzt auch tatsächlich eine infauste Prognose stellt. Stellt der Arzt aber statt dessen eine andere Diagnose, bekommt der Patient bei einem Bewußtseinsverlust unter Umständen genau das, was er eigentlich zu verhindern suchte: Nämlich maximale Intensivmedizin bis zum bitteren Ende.

Und da es tatsächlich Ärzte gibt, die noch nie eine infauste Prognose gestellt haben,[11] illustriert dieses Beispiel einer Patientenverfügung auch ziemlich gut, wie recht Sahm hat, wenn er warnt: „Wer sich der Aufgabe stellt, ein solches Dokument zu verfassen, läuft Gefahr sich entscheiden zu müssen, zwischen einem guten und einem selbstbestimmten Tod".[12]

Weil das so ist, wundert es auch nicht, daß Sahms Studie auch hier empirisch belegt, was man in Gesprächen mit Ärzten und Pflegern ohnehin immer wieder feststellen kann: Ausgerechnet diejenigen, die am ehesten in der Lage sind, die Risiken und Nebenwirkungen einer Patientenverfügung zu ermessen, erstellen nur in den seltesten Fällen eine solche. So besaßen unter den Pflegern und Ärzten, die an der Studie teilnahmen, deutlich weniger Personen eine Patientenverfügung als unter den Gesunden und den Tumorpatienten.[13]

Betrachtet man die gegenwärtige Verbreitung von Patientenverfügungen, dann muß es schon stutzig machen, daß die Politik hier überhaupt einen erhöhten Regelungsbedarf sieht. Nach einer repräsentativen Studie, die das Meinungsforschungsinstitut TNS Infratest im Jahr 2005 im Auftrag der Deutschen Hospiz Stiftung durchgeführt hat, haben bislang lediglich 14 Prozent der Deutschen eine Patientenverfügung verfaßt.[14]

„Rund 95 Prozent" dieser Patientenverfügungen seien, wie der Staatsrechtslehrer Wolfram Höfling auf den „III. Internationalen Gocher Gesprächen" verriet, jedoch „nicht valide" und lieferten deshalb für den Fall, daß ein Patient nicht mehr kommunikationsfähig sei, auch keinen hinreichenden Anhaltspunkt dafür, welche medizinische Maßnahmen bei dem Patienten auf Zustimmung stießen und welche nicht.[15] Als valide bezeichnete der Direktor des Instituts für Staatsrecht der Universität zu Köln und Leiter der Forschungsstelle für das Recht des Gesundheitswesens Patientenverfügungen, die schriftlich und nach einer nachweislich erfolgten, ausführlichen ärztlichen Beratung abgefaßt worden seien und bei denen zudem sichergestellt sei, daß das darin Verfügte auch das tatsächlich Gemeinte sei. Da sich, aufgrund des bereits angesprochenen Perspektivenwechsels, zudem die Wünsche von Patienten regelmäßig ändern, wenn sie in ein neues Krankheitsstadium eintreten, gehört zu einer „validen" Patientenverfügung laut Höfling auch, daß sie laufend aktualisiert wird.[16]

Wie immens der Aufwand ist, der betrieben werden muß, um eine valide Patientenverfügung zu erstellen, wurde deutlich, als Höfling, der im Auftrag der Deutschen Hospiz Stiftung sogar einen entsprechenden Gesetzesentwurf vorgelegt hatte[17] und als entschiedener Befürworter von Patientenverfügungen gelten muß, eingestand, aus diesem Grund selbst noch keine Patientenverfügung zu besitzen.

Dabei befindet sich der Jurist freilich in bester Gesellschaft. Selbst in den Vereinigten Staaten von Amerika, die auch hier international führend sind, liegt die Quote derjenigen, die eine Patientenverfügung – valide oder nicht – abgefaßt haben, unter 20 Prozent. Und dies „trotz entsprechender Gesetzeslage und einer massiven Werbung in den meisten Einzelstaaten".[18]

Vor diesem Hintergrund muten die Anstrengungen, welche die Politik unternimmt, um die Verbindlichkeit von Patientenverfügungen neu zu regeln, geradezu bizarr an. Denn die Gefahr, daß sich Patienten mittels einer Vorausverfügung – sei es unbeabsichtigt, sei es gezielt – selbst „entsorgen", ist immens und völlig real.

So finden sich zum Beispiel in Patientenverfügungen regelmäßig Anordnungen, mit denen die betreffenden Personen festlegen, welche Behandlungen sie im Falle einer diagnostizierten Demenz oder länger anhaltender Bewußtlosigkeit akzeptieren wollen und welche nicht. Die folgenden Beispiele können dabei durchaus als typisch betrachtet werden:

Beispiel a: Herr X erklärt „für den Fall, daß ich das Bewußtsein (Apallisches Syndrom) verliere und die mich behandelnden Ärzte auch nach sechs Monaten keine Besserung meines Zustandes feststellen können, ich nicht länger künstlich ernährt werden möchte." Träte dieser Fall ein, würde sich der Arzt, der sich weigerte, Herrn X aufzugeben, der Körperverletzung strafbar machen.

Was der Herr X vermutlich nicht weiß: 52 Prozent der Patienten, bei denen ein Apallisches Syndrom diagnostiziert wurde, erholen sich nach 12 Monaten „mehr oder weniger stark". Sieben Prozent können anschließend sogar ein „nahezu unbeeinträchtigtes Leben" führen.[19] Und vor allem: Nirgendwo werden so häufig Fehldiagnosen erhoben wie bei Koma-Patienten. Laut dem renommierten Neurowissenschaftler Steven Laureys werden sogar rund ein Drittel der Diagnosen in diesem Bereich falsch gestellt.[20]

Beispiel b: Frau Y hat ihren dementen Mann jahrelang aufopferungsvoll gepflegt. Sie hat seinen langsamen geistigen Verfall begleitet und erleben müssen, daß er am Schluß nicht einmal mehr sie erkannte. Das hat sie trotz allem, was ihr die Ärzte über die Krankheit ihres Mannes mitteilten, tief getroffen und verletzt. Ihren Kindern will Frau Y einen solchen Schmerz nun unbedingt ersparen. Deshalb verfügt sie in ihrer Patientenverfügung: „Ich wünsche für den Fall, daß bei mir Demenz diagnostiziert wird, keine Antibiotika mehr zu erhalten".

Im Grunde verlangt die gesunde Frau Y damit von ihren Ärzten, sie im Falle einer Demenz-Erkrankung an einer behandel- und üblicherweise durch die Gabe von Antibiotika auch heilbaren Lungenentzündung sterben zu lassen. Ihre Kinder, denen Frau Y eine Kopie ihrer Patientenverfügung ausgehändigt hat, könnten den Arzt, der sich weigert, dieser Verfügung Folge zu leisten, vor Gericht zerren, sei es aus Empörung darüber, daß der Wille ihrer Mutter derart mißachtet wird, sei es, weil das Erbe, das Frau Y hinterläßt, beträchtlich ist und gerade jetzt zum richtigen Zeitpunkt käme.

So unterschiedlich die hier ausgeführten Beispiele auch sind, eines ist ihnen gemeinsam: In beiden Fällen ist Angst das vorherrschende Motiv, das sowohl Herrn X als auch Frau Y festlegen läßt, wie Ärzte mit ihnen verfahren sollen, falls das von ihnen gefürchtete Ereignis eintritt. Während sich Herr X vor einem Zustand ohne oder mit nur eingeschränktem Bewußtsein fürchtet, ängstigt Frau Y die Vorstellung, in einen Zustand zu geraten, der geliebten Menschen Schmerzen verursachen könnte. Das ist verständlich. Vernünftig ist es nicht. Denn „die Angst vor künftigem Leiden oder eine bereits als leidvoll empfundene Situation sind", wie der Richter Rainer Beckmann zu Bedenken gibt, „keine guten Ratgeber, wenn es darum geht, den Wunsch nach Unterlassung bestimmter Behandlungsmaßnahmen zu äußern". Der Würzburger Medizinrechtsexperte, der als Sachverständiger fünf Jahre lang den beiden Ethik-Enquête-Kommissionen des Deutschen Bundestages angehörte, sieht die Gefahr, daß das Instrument der Patientenverfügung zu einer „schleichenden ‚Selbstentwertung' alter und kranker Menschen" führt. Behandlungsverzichtserklärungen definierten häufig implizit bestimmte Krankheitszustände als „nicht mehr lebenswert". Dies gelte etwa bei Demenz, Alzheimer, dauerhafte Bewußtlosigkeit, Bettlägerigkeit oder der Notwendigkeit der künstlichen Ernährung. Laut Beckmann spiegelten sich hierin auch soziale Einstellungen und Einflüsse wider. Durch „die zahlreichen Formulare, die Behandlungsverzichte in derartigen Zuständen als Wahlmöglichkeiten vorsehen", würde dies weiter verstärkt. Krankheitszustände, die einen hohen Aufwand für Pflege, Betreuung und medizinische Versorgung erfordern, erschienen so „als unerwünscht und vermeidbar".[21]

111

Die Sorge ist berechtigt. Denn auch wenn durch die gesetzliche Anerkennung von Patientenverfügungen, die solche Behandlungsverzichte enthalten, niemand verpflichtet wird, auf eine Behandlung zu verzichten, so fördert ein solcher Akt doch unweigerlich die Bereitschaft, sich genauso zu verhalten.

In einem Sondervotum für den Bericht der Enquête-Kommission zum Thema Patientenverfügung kritisierte Beckmann denn auch, es könne nicht „Aufgabe der Politik" sein, „dem bereits vorherrschenden Trend, Verfügungen mit impliziter Selbstentwertung zu verfassen, einen rechtlichen Rahmen zu geben". Der Medizinrechtsexperte plädierte statt dessen dafür, von einer gesetzlichen Regelung dieser Verfügungen ganz abzusehen und es bei der rechtlichen Geltung zu belassen, die sie aufgrund allgemeiner zivilrechtlicher Grundsätze bereits haben und die auch von der Rechtsprechung anerkannt ist. Ergänzend hierzu sollte „im Rahmen von Aufklärungs- und Informationsmaßnahmen auf das Für und Wider von Patientenverfügungen aufmerksam gemacht werden". Wichtig sei weiter, vor den Gefahren besonders weitreichender Behandlungsverzichtsverfügungen zu warnen, „insbesondere in den Fällen, in denen bestehende Chancen für eine Besserung des Gesundheitszustandes ausgeschlagen würden."[22]

Bundesärztekammerpräsident Jörg-Dietrich Hoppe fürchtet gar, eine neue gesetzliche Regelung werde statt ein Mehr an Klarheit nur ein Mehr an Verwirrung stiften. Schon jetzt seien Patientenverfügungen rechtsverbindlich, wenn sie eindeutig formuliert seien und von den Ärzten keine Gesetzesverstöße verlangten. „Der Arzt ist daran gebunden, auch wenn er anderer Meinung ist. Das gilt schon heute, auch ohne Gesetz", erklärte Hoppe anläßlich der jüngsten Bundestagsdebatte.[23]

Auch die Deutsche Bischofskonferenz steht einer neuen gesetzlichen Regelung von Patientenverfügungen, wenn auch nicht ablehnend, so doch recht kritisch gegenüber. In einer schriftlichen Stellungnahme favorisierten die Bischöfe denn auch „die Einsetzung eines Bevollmächtigten, wo immer möglich".[24] In der Praxis läßt sich das für jedermann ganz einfach durch die Ausstellung einer Vorsorgevollmacht bewerkstelligen. Mit einem solchen Dokument kann eine Person eine andere bevollmächtigen, sie für den Fall, daß sie ihre Angelegenheiten nicht mehr selbst regeln kann, gegenüber Dritten, insbesondere gegenüber Ärzten und Einrichtungen des Gesundheitswesen, zu vertreten.

Die Vorteile, die Vorsorgevollmachten gegenüber Patientenverfügungen besitzen, sind gewaltig. Dies gilt sowohl für den Patienten als auch für den behandelnden Arzt. Denn kommen die Dokumente zum Einsatz, sieht sich der Arzt im Falle der Patientenverfügung einem nichteinwilligungsfähigen Patienten sowie einem Stück Papier gegenüber. Hat er Zweifel, was mit dem schriftlich Verfügten gemeint ist – sei es, weil es mißverständlich formuliert, sei es, weil Entscheidendes vergessen wurde – gibt es niemanden, der ihm dazu Verbindliches mitteilen könnte.

Im Falle einer Vorsorgevollmacht wächst dem Arzt dagegen mit der Person des Bevollmächtigten ein kommunikationsfähiger Ansprechpartner zu. Dabei wirkt sich in der Regel bereits das bloße Wissen darum, daß sich noch eine weitere Person um das Wohl des anvertrauten Patienten sorgt, positiv auf die Motivation des Arztes aus, auch in diesem Fall sein Bestes zu geben. Zudem wird der Arzt sein Handeln gegenüber dem Bevollmächtigten, dessen Einwilligung er für jeden Eingriff einholen muß, in einem ganz anderen Umfang rechtfertigen, als wenn er lediglich zu prüfen hätte, ob die Maßnahme, die er als medizinisch indiziert betrachtet, sich auch mit dem in der Patientenverfügung Niedergelegten verträgt.

Der Bevollmächtigte wiederum ist in der Lage, sich die vom Arzt empfohlenen Maßnahmen erläutern zu lassen, Rückfragen zu stellen und gegebenenfalls weitere ärztliche Meinungen einzuholen. Die Vorteile, die einem nichteinwilligungsfähigen Patienten daraus erwachsen, liegen auf der Hand.

Die Gefahr, daß sich ein nichteinwilligungsfähiger Patient durch etwas, das er letztlich nicht überblickt, in seiner Patientenverfügung jedoch unglücklicherweise verfügt hat, am Ende unwillentlich selbst „entsorgt", entfällt völlig. Hinzu kommt die Möglichkeit, mittels des Bevollmächtigten auch auf all das Einfluß zu nehmen, das in einer Patientenverfügung notwendigerweise ungeregelt bleiben muß. Das beginnt mit der Wahl der passenden medizinischen Einrichtung und endet, wenn es darum geht, sich für eine von mehreren angebotenen Therapiemöglichkeiten entscheiden zu müssen.

Darüber hinaus sind Vorsorgevollmachten keine Blanko-Schecks. Wer statt einer Patientenverfügung eine Vorsorgevollmacht ausstellt, muß also keineswegs alle Entscheidungen der bevollmächtigten Person überlassen. Er kann auch Wünsche formulieren, die von dem Bevollmächtigten in jedem Fall zu respektieren sind. Dies empfiehlt sich schon deshalb, weil der Bevollmächtige so Anhaltspunkte erhält, die ihm helfen, auch weiterreichende Entscheidungen im Sinne der Person zu treffen, die er vertritt.

So kann eine Vorsorgevollmacht zum Beispiel Folgendes vorsehen:

– Die bevollmächtige Person soll dafür sorgen, daß ich angemessen medizinisch und pflegerisch betreut werde, sei es zu Hause oder in einem Krankenhaus.
– Sie soll meine Behandlung und Pflege mit Ärzten und Pflegepersonal entsprechend meinen nachstehenden Wünschen abstimmen. Sie darf Krankenunterlagen einsehen und deren Herausgabe verlangen oder die Herausgabe an Dritte bewilligen. Insoweit entbinde ich alle mich behandelnden Ärzte oder Ärztinnen und das nichtärztliche Personal gegenüber der bevollmächtigten Person von der Schweigepflicht.
– Solange ich heilungsfähig bin, erwarte ich eine auf Heilung gerichtete ärztliche und pflegerische Behandlung.
– Wenn mein Leiden nach ärztlicher Überzeugung ohne Aussicht auf Besserung ist, wünsche ich keine unnötigen lebensverlängernden Maßnahmen, im übrigen aber sorgfältige ärztliche und pflegerische Betreuung.
– Soweit meine Krankheit oder mein sonstiger Zustand den Arzt erkennen läßt, daß die Sterbephase begonnen hat, mein Leben also zu Ende geht, sollen bei mir keine lebensverlängernden Maßnahmen und bei Eintritt sterbebedingter Bewußtlosigkeit keine Wiederbelebungsmaßnahmen angewandt werden.
– Vielmehr soll mir leidenslindernde Hilfe gewährt werden, die auf die Behebung von Beschwerden wie z. B. Schmerzen, Unruhe, Angst, Atemnot oder Übelkeit gerichtet ist, selbst wenn diese lebensverkürzend sein könnte.

– Der natürliche Verlauf des Sterbens soll nicht beeinträchtigt werden.
– Ich wünsche geistlichen Beistand durch meine Religionsgemeinschaft.
– Eine Organübertragung lehne ich ausdrücklich ab, desgleichen eine Organspende.
– Ich möchte, so lange es mein Gesundheitszustand erlaubt und Pflege in meiner Wohnung möglich ist, in meiner eigenen Wohnung leben. Meine/mein Bevollmächtigte/Bevollmächtigter soll dies sicherstellen.
– Soweit eine Übersiedlung in ein Pflegeheim notwendig wird, soll dies, wenn ich es nicht mehr selbst entscheiden kann, mit meiner/meinem Bevollmächtigten abgestimmt werden, desgleichen die Auflösung der Wohnung und die Regelung der damit verbundenen Angelegenheiten.

Der Text, der einer notariell beglaubigten Vorsorgevollmacht entnommen wurde, belegt, daß eine Vorsorgevollmacht mit Fremdbestimmung nicht das Geringste zu tun haben muß.

Daß die Politik dennoch enorme Anstrengungen unternimmt, um Patientenverfügungen rechtlich aufzuwerten, anstatt die Vorsorgevollmacht nachdrücklich zu bewerben und die Bürger dazu anzuhalten, sich beizeiten ein entsprechendes Beziehungsgeflecht zu erarbeiten, muß nachdenklich stimmen, ja mehr noch: Es muß mißtrauisch machen.

Im besten Fall hängen die handelnden Politiker selbst der Illusion nach, Patientenverfügungen könnten ein selbstbestimmtes und planbares Sterben in Würde garantieren.

Im schlimmsten Fall sind sie sich durchaus bewußt, daß sich dem Sterben nicht buchhalterisch beikommen läßt und niemand eine konkrete, lebensbedrohende Erkrankungssituation, mögliche Therapiealternativen sowie seine tatsächlichen Überlebenschancen und den Wechsel der Binnenperspektive zu berücksichtigen in der Lage ist, wenn er in gesunden Tagen eine Patientenverfügung erstellt. Denn das, was rechtlich bindende, über jeden Zweifel erhabene Patientenverfügungen tatsächlich zuverlässig zu leisten vermögen, ist etwas ganz anderes.

Sie können die Vormundschaftsgerichte entlasten, die immer dann gefragt sind, wenn es zwischen dem Bevollmächtigten und dem behandelnden Arzt zu einem nicht anders zu lösenden Konflikt kommt. Vor allem aber schaffen sie die Möglichkeit, daß ein von der Gesellschaft für sinnvoll erachteter Tod, der die Solidargemeinschaft entlastet statt belastet, sich als selbstgewünscht empfinden läßt und als Ausdruck der Selbstbestimmung kaschiert werden kann.

Mit Autonomie am Lebensende hat das freilich rein gar nichts zu tun. Mit Euthanasie auf Umwegen und einem Beitrag zur Sanierung des Gesundheitssystems einer alternden Gesellschaft dafür jede Menge.

Dabei verschleiert die extreme Betonung von Selbstbestimmung und Autonomie am Lebensende, daß mit Patientenverfügungen – bewußt oder unbewußt – der Versuch unternommen wird, ein der Natur nach soziales Problem auf ein individuelles zurechtzustutzen. Ganz nach dem Motto: Wenn nur jeder für sich selbst sorgt, dann ist allen am besten geholfen. An der Realität menschlichen Lebens zielt ein solches Motto freilich meilenweit vorbei. Denn nirgendwo bleibt das „Mängelwesen" Mensch so sehr auf die Gemeinschaft und die Solidarität seiner Mitmenschen angewiesen wie am Beginn und am Ende seines Lebens.

Vor diesem Hintergrund entpuppt sich die nur scheinbar menschenfreundliche Rede von Selbstbestimmung und Autonomie am Lebensende, als das, was sie wirklich ist: nämlich die kalte, mitleidslose Aufforderung, seine Mitmenschen möglichst wenig mit den eigenen Ängsten und Nöten zu belästigen und statt dessen zuzusehen, wie man – „autonom" und „selbstbestimmt" – nun, da man der Gesellschaft nichts mehr zu geben hat, möglichst geräuschlos aus dem Leben scheidet.

Kapitel 8

Selbstmord ist ein Ereignis der menschlichen Natur, welches, mag auch darüber schon so viel gesprochen und gehandelt sein, als da will, doch einen jeden Menschen zur Teilnahme fordert, in jeder Zeitepoche wieder einmal verhandelt werden muß."

Johann Wolfgang von Goethe
„Dichtung und Wahrheit"

Die Todesengel

Exit, Dignitas und Kusch: Über das Geschäft mit dem fremden Tod und warum sich davon in Zukunft möglicherweise doch nicht mehr so gut leben lassen wird.

Suizidbegleiter haben den Tod käuflich gemacht. Billig ist er nicht. Wer beabsichtigt, sich für seinen Suizid der sachkundigen Hilfe eines „Todesengels" zu versichern, muß daher erst tief in die Tasche greifen, bevor er Hand an sich legen kann. Umgerechnet rund 6.400 Euro (9.700 Schweizer Franken) kann – zusätzlich zum Mitgliedsbeitrag – etwa eine Suizidbegleitung durch die Schweizer Organisation „Dignitas" kosten.

Jeweils rund 2.000 Euro entfallen dabei auf die „Vorbereitung" und die „Durchführung" des „begleiteten Suizids". Rund 1.000 Euro berechnet „Dignitas" für „Behördengänge" nach der Tat. Eine „anfällige Kremation" schlägt mit rund 1.130 Euro zu Buche. Fehlen noch die Kosten für die Inanspruchnahme eines schweizerischen Arztes, ohne dessen Rezept die selbsternannten „Freitodbegleiter" das tödliche Barbiturat nicht legal beschaffen können, und die sich auf rund 320 Euro (500 Schweizer Franken) belaufen können.[1]

Möglich ist dies, weil die Beihilfe zum Suizid in der Schweiz, anders als die auch dort verbotene „Tötung auf

Verlangen" so lange als legal betrachtet wird, wie sie nicht aus „selbstsüchtigen" Motiven erfolgt. So schreibt Artikel 115 des Schweizerischen Strafgesetzbuches vor: „Wer aus selbstsüchtigen Beweggründen jemanden zum Selbstmord verleitet oder ihm dazu Hilfe leistet, wird, wenn der Selbstmord ausgeführt oder versucht wurde, mit Freiheitsstrafe bis zu fünf Jahren oder Geldstrafe bestraft."

Verständlicherweise fürchten viele Suizidbegleiter daher auch kaum etwas so sehr wie den Vorwurf, sie bereicherten sich am Tod anderer Menschen, und bemühen sich, diesen Verdacht zu zerstreuen – so gut es eben geht.

„Ich beziehe kein Gehalt", sagt „Dignitas"-Generalsekretär Ludwig Amadeus Minelli, Jahrgang 1932, in einem im Frühjahr 2008 veröffentlichten Interview mit der Berliner Tageszeitung „Der Tagesspiegel".[2] Der heute 76jährige gründete 1998 die Organisation, die auch sterbewilligen Menschen, die nicht in der Schweiz leben, einen begleiteten Suizid offeriert. Davor war Minelli zunächst als Journalist unterwegs, unter anderem bei der Schweizer Boulevardzeitung „Blick" sowie viele Jahre als Korrespondent des Magazins „Der Spiegel". Mit Mitte vierzig startete er dann eine zweite Karriere. Er studiert Jura an der Rechtswissenschaftlichen Fakultät der Universität Zürich, wird Rechtsanwalt und spezialisiert sich auf Menschenrechte.

Versteht man Minelli richtig, dann sponsert er bislang den von ihm gegründeten Verein statt umgekehrt. Seine Arbeitskraft versteht der Mann, der die Auffassung vertritt, die Rechtslage in der Schweiz erlaube es auch, die „Freitodhilfe als Aktiengesellschaft zu organisieren",[3] dabei als ein „Investment in den Aufbau von Dignitas". Wenn der Verein einst in der Lage sei, „das Investment zurückzuzahlen", habe er nichts dagegen, so Minelli in einem im

Juni 2008 veröffentlichten Interview mit der Wochenbeilage „Das Magazin" des Schweizer „Tages-Anzeigers".[4]

Bislang scheint das nicht der Fall zu sein: „Die Spesenzahlungen von Dignitas an mich decken nicht mal ganz meine Aufwendungen. Mein Steuerberater sagt, ich lebe von der Substanz meines Vermögens",[5] erklärt Minelli. Für den im Raum stehenden Verdacht, er bereichere sich am Suizid anderer Menschen, hat Minelli eine ganz einfache Erklärung: „Der Kern des Vorwurfs ist doch, ich würde mich bereichern, ich sei Millionär geworden durch Dignitas. Dabei sind meine Eltern gestorben, ich habe geerbt. Jeder – Sie auch! – kann zum Gemeindesteueramt gehen und dies nachsehen. Ich habe dem Amt erlaubt, alles öffentlich zu machen."[6]

Der Zürcher Staatsanwaltschaft scheint das nicht zu reichen. „Wir wissen nach wie vor nicht, wofür Dignitas die Einnahmen von 10.000 Franken pro Sterbebegleitung verwendet", zitierte die „Neue Zürcher Zeitung" (NZZ), Anfang Januar 2009 den stellvertretenden leitenden Zürcher Staatsanwalt Jürg Vollenweider. Es gebe konkrete Hinweise, daß „Dignitas" das Geld nicht nur zur Deckung der Kosten benötige.[7]

Beweise gibt es bislang nicht. Im November 2008 wurden der NZZ zufolge sämtliche Strafverfahren gegen „Dignitas" mangels „rechtsgenügenden Verdachts einer strafbaren Handlung" eingestellt.[8]

Vollständig ausgeräumt sind die Verdachtsmomente gegen „Dignitas" damit jedoch offenbar nicht. So lange die Buchhaltung der Organisationen, die Menschen beim Suizid begleiteten, nicht eingesehen werden kann, „könnten selbstsüchtige Motive verborgen sein", gibt die NZZ Vollenweider wieder.[9]

Auch das scheint bei „Dignitas" derzeit nicht möglich. „Wir haben eine Buchhaltung, aber die ist noch nicht auf dem neuesten Stand. Wir sind daran das zu ändern", erklärte Minelli im Interview mit der Beilage des Schweizer „Tages-Anzeigers".[10] Daran hat sich bis heute – Mitte Februar 2009 – nichts geändert. Eine aktuelle Jahresrechnung fehlt oder wird zumindest bislang nicht veröffentlicht. Auch Jahresberichte gibt es seit Jahren nicht mehr. Der letzte Tätigkeitsbericht, den „Dignitas" auf seiner Homepage veröffentlichte, informiert über die Arbeit, welche die Organisation im Zeitraum vom 1. Januar bis zum 31. Dezember 2004 geleistet hat.[11] Dort liest man unter Punkt „13. Finanzielles" unter anderem: „Wie im Berichtsjahr 2003 hat der Generalsekretär auch 2004 keinen Lohn oder Honorare für seine Tätigkeit erhalten, und er hat nach wie vor einen erheblichen Teil der Verwaltungskosten des Vereins bisher selbst getragen. Büroeinrichtungen und Büromaterial sind bisher in weitem Umfange nicht in die Kostenrechnung von DIGNITAS einbezogen, sondern von ihm persönlich finanziert worden. An die langjährigen vom Generalsekretär persönlich finanzierten Aufwendungen hat DIGNITAS zu Lasten der Betriebsrechnung des Berichtsjahres nun immerhin 250.000 Franken an Akontozahlungen leisten können."[12] 250.000 Schweizer Franken, das sind umgerechnet rund 167.500 Euro.

Selbst wenn bei „Dignitas" alles mit rechten Dingen zugeht – wovon man bis zum Beweis des Gegenteils ausgehen muß –, ein transparentes und über alle Zweifel erhabenes Finanzgebaren darf man sich anders vorstellen. Und daß ein Verein, der selbst in der Schweiz, wo die Suizidbegleitung als weithin akzeptiert gilt, derart öffentlich kritisiert wird, selbst so wenig unternimmt, um seinen Widersachern den Wind aus den Segeln zu nehmen, ist zumindest bemerkenswert und darf wohl als kurios gelten.

Auch in anderer Hinsicht ist „Dignitas" ein Kuriosum. Was auf den ersten Blick allerdings kaum jemandem auffallen dürfte. Denn nach den Statuten scheint „Dignitas" beinahe ein ganz normaler Verein zu sein, wenn auch einer mit einem außergewöhnlichen Tätigkeitsfeld. So ist zum Beispiel wie anderswo auch laut Artikel 5 der Vereinsstatuten, die „Generalversammlung der Aktivmitglieder" das oberste Organ des Vereins, und der Generalsekretär nur „leitendes Organ". Als kontrollierendes Organ fungiert zudem eine „Kontrollstelle". Diese muß laut Statuten „nicht Mitglied des Vereins sein. Ihre Aufgabe kann einer juristischen Person übertragen werden."[13]

Auch daß „die Generalversammlung der Aktivmitglieder" laut Artikel 6 jedes Jahr „mindestens einmal" zusammentritt, „den Generalsekretär und die Kontrollstelle" wählt, „über Budget, Geschäftsführung und Rechnung" beschließt und die „Mitgliederbeiträge für alle Kategorien"[14] festsetzt, ist noch gänzlich unverdächtig.

Außer den Aktivmitgliedern kennt „Dignitas" noch zwei weitere Sorten von Mitgliedern, Kuratoriumsmitglieder und Destinatär-Mitglieder. Letztere entscheiden laut Artikel 4 der Statuten „jährlich neu über ihre Mitgliedschaft durch Zahlung des Beitrags. Sie haben Anspruch auf eine individuelle Patientenverfügung, in welcher verbindliche Anweisungen an Ärzte und Krankenhauspersonal enthalten sind für den Fall, dass das Destinatär-Mitglied in seinen elementaren Lebensfunktionen dermassen schwer beeinträchtigt ist, dass nach menschlichem Ermessen eine Besserung nicht mehr erwartet werden kann und der Zustand dieser Person einen nahen Tod vermuten lässt. Sie haben ausserdem Anspruch auf Sterbebegleitung durch Sterbebegleiter des Vereins, sofern dadurch sinnloses Leiden oder unzumutbares Weiterleben durch einen menschenwürdigen Freitod beendet werden soll."[15] Wer wie Minelli die Selbsttötung für ein „Menschenrecht" hält, wird sich auch daran nicht stören. Allenfalls außergewöhnlich ist bis dahin nur, daß laut Artikel 3 der Statuten allein der Generalsekretär „definitiv" über „die Aufnahme von Mitgliedern aller Kategorien" entscheidet und ihre „Aufnahme ohne Angabe von Gründen" ablehnen kann. Gravierender ist da schon, daß der Generalsekretär auch „Mitglieder, welche die Interessen des Vereins beeinträchtigt haben", ausschließen kann, wobei sein „Entscheid" als „endgültig" betrachtet werden muß.[16]

Üblicherweise haben Vereine für solche Fälle eine Schiedsstelle eingerichtet. „Dignitas" nicht. Was allerdings auch kein Wunder ist: Denn der eigentliche Clou bei „Dignitas" ist, daß ihr Generalsekretär über weit mehr Macht verfügt, als die Statuen erkennen lassen. Der Grund: „Dignitas" hat, wie Minelli in einem der bereits zitierten Interviews einräumte, überhaupt nur zwei Aktivmitglieder. Und von diesen beiden ist eines: Er selbst. Die Identität des anderen Aktivmitglieds bleibt zudem verborgen. In demselben Interview verriet Minelli mit der Begründung, diese Person wolle „öffentlich nicht genannt werden", auch auf Nachfrage nur so viel: Sie sei nicht mit ihm verwandt, denke aber ähnlich.[17]

Damit nicht genug: Können sich die beiden Aktivmitglieder nicht einigen, dann habe, so Minelli weiter, er selbst „das letzte Wort".[18] Laut Artikel 3 der Statuten könnte er zudem, wie gesehen, selbst dieses Mitglied ausschließen.

Wenn also die „Generalversammlung der Aktivmitglieder" als „oberstes Organ" von „Dignitas" zusammentritt, um dessen Generalsekretär und die Kontrollstelle zu wählen, „über Budget, Geschäftsführung und Rechnung" zu beschließen und die „Mitgliederbeiträge für alle Kategorien" festzusetzen, dann könnte Minelli all das, sofern er dies wollte, praktisch auch im Alleingang entscheiden. Rechtlich ist diese Farce offenbar nicht zu beanstanden. Und doch kann einen die Machtfülle, über die Minelli nach den „Dignitas"-Statuten verfügt, mit Schrecken erfüllen. Dies gilt ganz besonders, wenn man bedenkt, das „Dignitas" nach Angaben von Minelli in den zehn Jahren seit seiner Gründung rund 840 Menschen beim Suizid begleitet hat, von denen rund 60 Prozent aus Deutschland stammen sollen.[19]

Transparenter und professioneller als „Dignitas" präsentiert sich die Schweizer Organisation „Exit". Die 1982 gegründete „Vereinigung für humanes Sterben" mit Sitz in Zürich hat eigenen Angaben zufolge derzeit mehr als 52.000 Mitglieder. Auch scheint „Exit" großen Wert auf ein seriöses Erscheinungsbild zu legen.

„EXIT hat keinerlei wirtschaftliche Interessen" heißt es am Ende einer Ende 2007 neu aufgelegten Broschüre, in der die „Vereinigung für humanes Sterben" über sich und ihre Arbeit informiert.[20] Eine Seite zuvor findet sich unter dem Stichwort „Finanzen": „Die einzige wirtschaftliche Zielsetzung von EXIT ist die gesicherte Finanzierung ihrer Aktivitäten. Die Einnahmen setzen sich zusammen aus Mitgliedsbeiträgen, Kapitalzinsen, Spenden und anderen Erträgen."[21]

Im Gegensatz zu anderen Organisationen verfügt „Exit" auch über einen professionell gemachten Internetauftritt und eine vier Mal jährlich erscheinende Mitgliederzeitschrift „Exit-Info". Darin veröffentlicht die Organisation auch ihren jährlichen „Geschäftsbericht".

Laut Artikel 8 der Statuten der Organisation üben die Mitglieder des Vorstandes ihre Arbeit „ehrenamtlich" aus und erhalten dafür eine „Spesenentschädigung". „Arbeit, die sie – über die ordentliche Vorstandstätigkeit hinaus – als Ressortverantwortliche leisten, wird vertraglich geregelt und angemessen entschädigt".[22] Für vollständige Transparenz sorgt allerdings auch „Exit" nicht. So sehen die Statuten ausdrücklich vor, daß lediglich der „Gesamtbetrag der innerhalb eines Geschäftsjahres an die Vorstandmitglieder ausgerichteten Entschädigungen" zu veröffentlichen ist.[23] Was den einzelnen Vorstandsmitgliedern als Entschädigung für eine Ressortverantwortlichkeit und was an Spesen erstatten wird, bleibt damit auch bei „Exit" intransparent.

Dabei sind die Gesamtbeträge durchaus der Rede wert. So erhielt zum Beispiel Walter Fesenbeckh, der bei „Exit" für die sogenannte „Freitodbegleitung" verantwortlich ist, für das Geschäftsjahr 2007 eine Entschädigung inklusive Reisespesen in Höhe von 44.412,00 Schweizer Franken (rund 30.000 Euro). Der inzwischen zurückgetretene Ressortverantwortliche „Kommunikation" Andreas Blum bekam im selben Jahr sogar eine Entschädigung inklusive Reisespesen von 82.056,70 Schweizer Franken (rund 55.000 Euro).

Zum Vergleich: Eine ledige Krankenschwester im öffentlichen Dienst verdient in Deutschland im Jahr zwischen 22.000 und 30.000 Euro brutto, einschließlich Zulagen und

Ortszuschlag. In leitender Stellung, in der ihr zum Beispiel die Gesamtverantwortung für den Pflegedienst eines ganzen Krankenhauses obliegt, können es auch 36.000 bis 50.000 Euro brutto sein. Und ein Redakteur bei einer in Deutschland erscheinenden Tageszeitung verdient nach sechs Berufsjahren laut Tarifvertrag zwischen 42.000 und 50.000 Euro brutto. Wer sich um die Organisation der Begleitung suizidwilliger Menschen kümmert, der kann davon, zumindest in leitender Funktion, offenbar ganz gut leben.

Daß „Exit" – anders als „Dignitas" – eher selten mit dem Vorwurf konfrontiert wird, sich am Suizid Sterbewilliger Menschen zu bereichern, mag auch daran liegen, daß die Organisation die Begleitung suizidwilliger Menschen eigenen Angaben zufolge auf Personen beschränkt, die auch ihren Wohnsitz in der Schweiz haben; weshalb „Exit" mit dem Schlagwort des „Suizidtourismus" auch nicht in Verbindung gebracht wird. „EXIT macht keine Freitodbegleitung für Ausländer, da wir damit überfordert wären und unserer Sorgfaltspflicht, so wie wir sie verstehen, nicht nachkommen könnten. Wir sind überzeugt, dass die Schweiz nicht die Sterbeprobleme ganz Europas in einem einzelnen Sterbezimmer lösen kann. Der Vorstand will deshalb auch in Zukunft keine Ausländer ohne Schweizer Wohnsitz begleiten", schreibt „Exit"-Präsident Hans Wehrli im Jahresbericht 2007.[25]

Ganz so resolut wie das klingt, ist es jedoch offenbar nicht gemeint. Denn an anderer Stelle räumt die Organisation ein: „Ausnahmeregelungen – zum Beispiel wenn enge Beziehungen zu Angehörigen in der Schweiz oder Mitgliedern bestehen – behält EXIT sich vor."[26]

Vor allem aber ist die Suizidbegleitung bei „Exit", die wie bei „Dignitas" bislang nur Mitgliedern offensteht, deutlich preiswerter. Der jährliche Mitgliedsbeitrag beträgt derzeit 35 Schweizer Franken. Eine Mitgliedschaft auf Lebenszeit kostet 600 Schweizer Franken. Wer länger als drei Jahre „Exit"-Mitglied ist, dem stelle der Verein, wie es heißt, bei einer Suizidbegleitung keine zusätzlichen Kosten in Rechnung. Wer dagegen der Organisation nur beitritt, um einen begleiteten Suizid in die Tat umsetzen zu können, wird nach Informationen der Tageszeitung „Die Welt" mit 2.400 Schweizer Franken (rund 1.600 Euro) zur Kasse gebeten.[27] Gleichwohl befindet sich auch „Exit" auf Expansionskurs.

Eigenen Angaben zufolge hat „Exit" in den vergangenen Jahren jährlich mindestens 150 Menschen beim Suizid begleitet: 2004 waren es 154, im Jahr darauf 162 Personen, gefolgt von 150 Menschen im Jahr 2006 und 179 Personen in 2007.[28]

Interessant ist in diesem Zusammenhang auch, daß rund ein Drittel der Personen, die „Exit" 2007 bei ihrem Suizid begleiteten, nicht an einer tödlichen Krankheit litten. So wurden laut „Exit" bei 44 der 179 Personen lediglich „Altersmorbidität" diagnostiziert, 13 weitere litten an „diversen schweren Krankheiten". In vier Fällen wurde eine „Herzerkrankung" und in je einem Fall eine „beginnende Demenz" sowie eine nicht näher gefaßte „psychische Krankheit" diagnostiziert.[29]

Im Jahr 2004 hat „Exit" zudem ein vereinsinternes Moratorium gelockert. Seitdem werden die Gesuche von psychisch Kranken „nicht mehr generell abgewiesen", sondern, wie es weiter heißt, „im Einzelfall seriös – gegebenenfalls mit einem psychiatrischen Gutachten – geprüft."[30]

Anders als „Exit" und „Dignitas", die Wert auf die Feststellung legen, daß die Suizidbegleitung nur eine ihrer Tätigkeiten sei, und es nach eigenem Bekunden lieber sähen, wenn in den Medien anstelle der Suizidbegleitung die von ihnen angebotene Beratung und Hilfe bei der Abfassung von Patientenverfügungen in den Vordergrund gestellt würde, fehlt bei anderen Todesengeln eine solche Tätigkeit völlig.

Oder besser fehlte: Denn seit Ende November 2008 ist es dem ehemaligen Hamburger Justizsenator Roger Kusch bis auf weiteres bundesweit untersagt, Menschen in der von ihm praktizierten Weise beim Suizid zu begleiten. Zwischen dem 28. Juni und dem 28. November 2008 hatte der frühere CDU-Politiker fünf Menschen, drei Frauen und zwei Männer, in den Tod begleitet.

Doch damit ist jetzt erst einmal Schluß. Eine entsprechende Verfügung der Hamburger Innenbehörde hatte die Polizei dem promovierten Juristen, der Sterbewilligen eine Suizidbegleitung für 8.000 Euro offerierte, bei einer Durchsuchung seiner Wohn- und Geschäftsräume wegen des Verdachts des Verstoßes gegen das Arzneimittelgesetz am 27. November 2008 zunächst mündlich und später auch schriftlich mitgeteilt. Kusch, der die Rechtmäßigkeit der Verfügung anzweifelte, reichte Klage ein und forderte die Rücknahme der Verbots bis zu einer rechtskräftigen Entscheidung über seinen Einspruch.

In einem Eilverfahren entschied daraufhin der 8. Senat des Hamburger Verwaltungsgerichts (Az: 8 E 3301/08) Anfang Februar 2009, daß die Verbotsverfügung der Behörde bis zu einer Entscheidung über die Klage in der Hauptsache wirksam bleibt.

In der lesenswerten, 25seitigen Entscheidung begründeten die Richter ihren Beschluß damit, die von Kusch angebotene Form der Beihilfe zum Suizid sei „gewerberechtlich nicht erlaubt", „sozial unwertig" und „gemeinschaftsschädlich". Zudem gefährde sie die „öffentliche Sicherheit".[31] Kusch biete, so die Richter, „zum Selbstmord bereiten Personen gegen ein Honorar von 8.000 Euro ein Dienstleistungspaket zur Erleichterung der Durchführung der Selbsttötung an." Dabei ziele er nicht nur auf den Personenkreis der Todkranken und Schwerstleidenden, der Gegenstand einer öffentlichen Debatte um eine Legalisierung der Sterbehilfe sei. Vielmehr wende sich Kusch „an jeden, der sein Leben beenden möchte und dafür Unterstützung sucht." Ausgeschlossen seien lediglich Personen, „denen die geistige Urteilsfähigkeit für den Entschluß zum Suizid fehlt". Letzteres kläre Kusch mit Hilfe eines Psychiaters, mit dem er ständig zusammenarbeite.[32]

Wie es in dem Gerichtsbeschluß unter Berufung auf Kuschs Klageschriftsatz vom 27. Januar 2009 heißt, handele es sich bei den 8.000 Euro um die „maximal vom Sterbewilligen aufzubringende Geldleistung".[33] Diese setze sich aus drei Teilbeträgen zusammen. Danach veranschlagte Kusch für die von ihm geführten „Beratungsgespräche" beim ersten und zweiten Hausbesuch jeweils 3.250 Euro.

Zum Vergleich: Dem brasilianischen Fußballprofi und Weltfußballer des Jahres 2007 Kaka hätten bei dem bislang teuersten Transfer in der Geschichte des Fußballs – im Gespräch war eine Ablösesumme von 125 Millionen Euro – vom italienischen Erstligisten AC Mailand zum britischen Traditionsclub Manchester City ein Jahresgehalt von 15 Millionen Euro gewunken, was einem Stundenlohn von 1.712 Euro entsprochen hätte.[34]

Wie zeitaufwendig auch immer man sich die Hausbesuche des ehemaligen Justizsenators vorstellen mag – allein zwischen dem 12. und dem 28. November 2008 begleitete Kusch drei der fünf Suizidenten –, sein Stundenlohn wäre – wenn ihm nicht Einhalt geboten wäre – vermutlich geeignet gewesen, selbst zahlreiche Fußballprofis vor Neid erblassen zu lassen.

Die verbleibenden 1.500 Euro hatten die sterbewilligen Personen für die Erstellung eines psychiatrischen Gutachtens zu zahlen. Angefertigt wurden diese von dem Dattelner Psychiater Dr. med. Johannes F. Spittler. In der Debatte um Euthanasie und den ärztlich oder auch von medizinischen Laien assistierten Suizid ist der Psychiater längst kein unbeschriebenes Blatt mehr. So gehört Splitter beispielsweise zu den „zwanzig Erstunterzeichnern" des „Solidaritätsaufrufs Sterbehilfe", mit dem im Jahr 2007 eine Reihe von Ärzten ihre Solidarität mit französischen Kollegen bekundeten, die sich „in einer mutigen Unterschriftenaktion" dazu bekannt hätten, in einer „Grauzone selbst schon sogenannte aktive Sterbehilfe geleistet zu haben."[35] Das ist insofern interessant, als die von Spittler erstellten psychiatrischen Gutachten ebenso wie die Videoaufnahmen, die Kusch bei seinen Besuchen anfertigte und nach vollbrachter Tat auf dem Internetportal „youtube" einstellte, dem „dauerhaften Nachweis der Willensfreiheit des Suizidenten" dienen sollen.[36]

Daß dieser damit auch tatsächlich erbracht werden könne, zieht das Gericht jedoch offenbar in Zweifel. Mit „erheblicher Wahrscheinlichkeit" müsse, so die Richter, davon ausgegangen werden, daß die Menschen ohne die von Kusch „angebotenen Erleichterungen beim Suizid", vor diesem unumkehrbaren Schritt zurückgescheut wären". So hätten die auf einer Liste verzeichneten Selbstmordkandidaten, welche die Polizei bei ihrer Durchsuchung von Kuschs Wohn- und Geschäftsräumen ebenso wie die Überweisungen von jeweils 6.500 Euro von sieben Personen sicherstellte, nach einem Besuch der Ordnungshüter von ihrem Vorhaben Abstand genommen.[37]

Auch dürften, so die Richter weiter, weder Kusch noch der Psychiater Spittler „in der Lage sein, zu diesen Fragen verläßliche Feststellungen zu treffen." Als Jurist besitze Kusch „für diesen Bereich keine Fachkompetenz". Auch der Psychiater begutachte „nur die Urteilsfähigkeit des Sterbewilligen und die Wohlerwogenheit, nicht aber die Unwiderruflichkeit des Suizidentschlusses." Zudem hätten sowohl Kusch als auch Spittler „ein eigenes wirtschaftliches Interesse, denn sie verdienten gut an der Suizidbegleitung beziehungsweise an der psychiatrischen Begutachtung."[38] Dabei gingen die Richter davon aus, daß „die Triebfeder" für Kuschs Suizidbegleitung „nicht in erster Linie im Finanziellen, sondern in seinem Bestreben liegen, so öffentlichkeitswirksam wie möglich für eine Änderung des allgemeinen Bewußtseins betreffend die Autonomie am Lebensende einzutreten."[39]

Und dafür spricht tatsächlich einiges. So hatte die „lächelnde Guillotine", wie Kusch wegen seiner Personalpolitik zu Amtszeiten im Hamburger Rathaus auch genannt wurde, einer Legalisierung der „Tötung auf Verlangen" nach niederländischem Vorbild in Deutschland zum Durchbruch zu helfen gesucht, war dabei allerdings sowohl bei seinen Amtskollegen als auch innerhalb der Union nur auf wenig Gegenliebe gestoßen und schließlich gescheitert.

Wie das Hamburger Verwaltungsgericht jedoch feststellt, lasse ein „mit der Tätigkeit verbundener ideeller Zweck" die Frage nach der Gewerbsmäßigkeit so lange unberührt, wie die Gewinnerzielung „zumindest als Nebenziel" hinzutrete. Daran fehle es erst, wenn zugunsten der ideellen Zwecksetzung ein defizitärer Betrieb von vorneherein eingeplant sei. Davon könne „angesichts eines Honorars von 6.500 Euro", die Kusch „pro Fall" für seine „Bemühungen" einstreiche, jedoch „keine Rede" sein. Vielmehr handele Kusch „auch mit Gewinnerzielungsabsicht".[40]

Laut den Richtern zeige die Dokumentation der von Kusch bislang begleiteten fünf Suizide auf seiner Homepage „auf anschauliche Weise, daß es sich in vier von fünf Fällen um alte lebensmüde, aber nicht todkranke Menschen handelte."[41]

Zudem werde bei der von Kusch angebotenen Suizidbegleitung auch das Arzneimittelschutzgesetz unterlaufen. Wie die Richter weiter ausführen, spreche „sehr viel" dafür, daß Kusch die für den Suizid „erforderlichen verschreibungspflichtigen Mittel selbst beschafft".[42] So hätten zwei von der Polizei befragten Personen berichtet, Kusch habe ihnen dies im Rahmen eines Vorgespräches in Aussicht gestellt.[43]

Wörtlich heißt es in dem Beschluß des Hamburger Verwaltungsgerichts: „Beim Antragssteller sind zwar derartige Medikamente nicht gefunden worden. Zudem bestreitet er dies, allerdings ohne konkret anzugeben, woher die tödlichen Medikamentendosis kam, wenn nicht von ihm. Das Gericht geht jedoch davon aus, daß er jedenfalls Interessenten auf Grund seines Erfahrungswissens Bezugsquellen eröffnet, wo diese Mittel unter Umgehung der Schutzvorschriften des Arzneimittelgesetzes auf unlautere Art erhältlich sind. Jede andere Annahme wäre lebensfremd. Schließlich begleitet er persönlich die Einnahme der tödlichen Medikamentendosis und verläßt die Sterbenden, bevor er in Gefahr kommt, sich wegen unterlassener Hilfeleistung strafbar zu machen."[44] Die Richter kommen daher zu dem Schluß: „Zusammengefasst besteht die Tätigkeit des Antragsstellers in einer Kommerzialisierung der Unterstützung von Selbsttötungen, bei denen die Vorschriften des Arzneimittelgesetzes unterlaufen werden",[45] und stellen – obwohl die Beihilfe zum Suizid ebenso wie dieser selbst in Deutschland nicht generell verboten sind – fest: Die von Kusch praktizierte Form der Suizidhilfe sei „sozial unwertig", da sie „den allgemein anerkannten moralischen und sittlichen Wertvorstellungen" widerstreite.[46] Diese ließen es, so die Richter weiter, nicht zu, „die existentielle Not lebensmüder Menschen wirtschaftlich oder zum Zwecke gesellschaftlicher Provokation auszunützen."[47] Auch widerspreche es „dem Menschenbild des Grundgesetzes, mit dem Suizid und dem Leid von Menschen Geschäfte zu machen."[48]

Nachdem Kusch über den von ihm gegründeten Verein „Dr. Roger Kusch Sterbehilfe e. V." zunächst wissen ließ, er halte die „Entscheidung des Verwaltungsgerichts Hamburg im Ergebnis und im Wesentlichen auch in der Begründung für falsch", und ankündigte, gegen den Beschluß Beschwerde beim Oberverwaltungsgericht Hamburg einzulegen,[49] hat er sich inzwischen eines Besseren besonnen und erklärt, seine Beschwerde zurückziehen und sich dem Beschluß der Richter beugen zu wollen.

„Ich biete die Suizidbegleitung nicht mehr an", erklärte Kusch im Gespräch mit dem Magazin „Der Spiegel".[50] Seinen Sinneswandel begründet der Jurist dort mit den Schwierigkeiten, die es ihm bereite, die für einen Suizid erforderlichen Arzneimittel zu beschaffen: „Sie müssen immer mit Tricks und Heimlichkeiten arbeiten, und das finde ich am Lebensende unwürdig."[51] Wahrscheinlicher ist jedoch, daß Kusch bemüht ist, die Ermittler, die ihre Arbeit wegen des Verdachts auf Verstoß gegen das Arzneimittelschutzgesetz aufgenommen haben, gnädig zu stimmen. Denn sollten Kusch Verstöße gegen das Arzneimittelschutzgesetz nachgewiesen werden, dann drohen dem früheren Justizsenator nicht nur strafrechtliche Sanktionen, sondern auch der Entzug seiner Zulassung als Anwalt. Ein Preis, der vermutlich höher ist, als Kusch, der sich bis vor kurzem noch als jemand inszenierte, der ebenso mutig wie selbstlos für das Recht seiner Mitmenschen auf uneingeschränkte Selbstbestimmung eintrat, zu zahlen bereit ist.

Kapitel 9

Menschen sollen an der Hand eines anderen Menschen sterben und nicht durch die Hand eines anderen Menschen."

Franz Kardinal König
Erzbischof von Wien (1956–1985)

Menschenwürdig sterben

Was Palliativmedizin und Hospizarbeit alles leisten können und warum davon zu wenige etwas wissen wollen.

Bis ihn das Schicksal ereilte, war Jean-Dominique Bauby (1952–1997) wohl das, was man sich unter einem Lebemann vorstellt. Der Chefredakteur der französischen Ausgabe des Modemagazins „Elle" lebte und arbeitete in Paris, wo er exquisites Essen, schnelle Autos und schöne Frauen liebte. Seine eigene, mit der er zwei Kinder gezeugt hatte, ließ sich von ihm scheiden, nachdem er sich mit einer anderen eingelassen hatte.

Im Alter von 43 Jahren, am 8. Dezember 1995, erleidet Bauby am Steuer seines Wagens einen Schlaganfall, fällt für 20 Tage ins Koma und erwacht, „nachdem er die Ufer des Bewußtseins jeden Tag ein bißchen höher erklommen hat",[1] klar bei Verstand, doch unfähig zu sprechen und von Kopf bis Fuß gelähmt in einem Krankenhausbett. Allein das linke Augenlid kann er noch bewegen und den Hals ein wenig drehen.

Derart gefangen im eigenen Körper – Neurologen sprechen vom sogenannten „Locked-in-Syndrom" – will Bauby zunächst nur eines: möglichst schnell sterben. Statt dessen wird er zum Bestseller-Autor. Im Krankenhaus von Berck-sur-Mer, in der Normandie, lernt er mit Hilfe eines von der Sprachtherapeutin Henriette Durand entwickelten Buchstabiersystems, das die Buchstaben nach der Häufigkeit ordnet, mit der sie in der französischen Sprache auftauchen, sich mit dem Aufschlag seines linken Augenlids mitzuteilen.

Buchstabe für Buchstabe, Wort für Wort, diktiert er so der Lektorin Claude Mendibil die Erfahrungen, die er macht. In 14monatiger Detailarbeit entsteht auf diese Weise das 130 Seiten umfassende Buch „Le scaphandre et le papillon" (dt.: „Schmetterling und Taucherglocke"), dessen Erscheinen Bauby noch erleben darf, bevor er schließlich an einer Infektion stirbt.

In dem flott geschriebenen, autobiographischen Werk, das allein in Deutschland inzwischen mehr als 400.000 Mal verkauft wurde,[2] verarbeitete Bauby auch die Reaktionen seines früheren Umfeldes. „Weißt du, daß B. zu Gemüse geworden ist?" „Natürlich, ich hab's gehört. Gemüse, ja, Gemüse", schildert Bauby, die wenig mitfühlenden Gespräche im Café de Flore, dem „Basislager des Pariser Snobismus".[3]

Zugegeben: Vielleicht sind nur wenige Menschen in der Lage, ein Buch wie Bauby zu schreiben. Andererseits gilt auch: Nur wenige Menschen werden von einer Krankheit wie dem ebenso entsetzlichen wie selten auftretenden „Locked-in-Syndrom" heimgesucht.

Und auch wenn kein Schicksal wie das andere ist, so machen doch sowohl Baubys Buch als auch die inzwischen auf DVD erhältliche, mit Preisen überschüttete Verfilmung des Regisseurs Julian Schnabel aus dem Jahr 2007 deutlich, wozu selbst ans Bett und den Rollstuhl gefesselte, völlig hilflose und auf die Hilfe anderer angewiesene Menschen grundsätzlich fähig sind, wenn sie anstatt allein gelassen, zur Annahme ihres Leidens ermutigt und dabei liebevoll begleitet werden.

Und genau dies vermögen heute palliative Medizin und Pflege, die zusammenfassend auch als „Palliative Care" bezeichnet werden, sowie die Hospizarbeit zu leisten. Gemäß der Definition der Weltgesundheitsorganisation (WHO) meint „Palliative Care" dabei einen „Ansatz zur Verbesserung der Lebensqualität von Patienten und ihren Familien, die mit Problemen konfrontiert sind, welche mit einer lebensbedrohlichen Erkrankung einhergehen."[4] Der für deutsche Ohren eher ungewohnte Begriff der Palliativmedizin, der hierzulande unglücklicherweise auch oft unzureichend mit Schmerzmedizin übersetzt wird, leitet sich vom lateinischen „pallium" = Mantel, sowie von „palliare" = lindern her. Im antiken Rom wurde mit „pallium" ein mantelartiger Überwurf und im Mittelalter der Krönungsmantel der Kaiser bezeichnet. Heute wird als „Pallium" vor allem die aus weißer Wolle gefertigte und mit sechs schwarzen Kreuzen verzierte Schulterbinde bezeichnet, die der Papst, Oberhaupt der katholischen Kirche, den Metropolitan-Erzbischöfen als Zeichen ihres Amtes verleiht, und die von diesen bei der Feier der Eucharistie über dem Meßgewand getragen wird.

Wörtlich übersetzt meint „Palliative Care" also „ummantelnde Sorge". Wie es in der Präambel der 2008 erneuerten Satzung der 1994 gegründeten „Deutschen Gesellschaft für Palliativmedizin" (DGP) heißt, geschieht dies „durch Vorbeugen und Lindern von Leiden durch frühzeitige Erkennung, sorgfältige Einschätzung und Behandlung von Schmerzen sowie anderen Problemen körperlicher, psychosozialer und spiritueller Art." Durch diese „ganzheitliche Herangehensweise" sollen „Leiden umfassend gelindert werden, um Patienten und ihren Angehörigen bei der Krankheitsbewältigung zu helfen und deren Lebensqualität zu verbessern."[5]

Um dies auch tatsächlich leisten zu können, ist „Palliativ Care" stets „interdisziplinär und multiprofessionell"[6] ausgerichtet. Den Betroffenen – dem Patienten wie seinen Angehörigen – steht dabei nicht nur medizinisches Fachpersonal aus unterschiedlichen Fachgebieten zur Verfügung. Einbezogen werden auch Spezialisten aus nichtmedizinischen Berufen. Dies gilt in besonderer Weise für Sozialarbeiter und Seelsorger. Denn Palliativmediziner wissen, daß die Angehörigen „oftmals mehr leiden als die sterbenden Menschen selbst".[7] Und wenn ihnen „die Zeit zu lang wird", dann können sie Ärzte auch schon einmal fragen: „Können Sie nicht ein bißchen nachhelfen."[8]

Anders als die Euthanasie bejaht die „Palliative Care" das Leben und akzeptiert das Sterben als einen natürlichen Teil des Lebens. Als Maxime palliativmedizinischen Handelns hebt die Präambel der DGP-Satzung daher denn auch ausdrücklich hervor: „Das Leben soll nicht künstlich verlängert und der Sterbeprozeß nicht beschleunigt werden."[9]

Anliegen der Palliativmedizin ist es also, das Wohlbefinden Schwerkranker durch die Aufrechterhaltung oder gar Verbesserung der Lebensqualität in den Mittelpunkt des Handelns zu stellen und dem alle anderen Behandlungsziele unterzuordnen. Zentrale Grundlage für Palliativmedizin und Hospizbewegung ist die Hospizidee. Ihr Ursprung leitet sich aus dem mittelalterlichen Begriff „Hospiz" ab. In solchen Herbergen, die vornehmlich an stark frequentierten Handels- und Pilgerstraßen lagen, erhielten alle Menschen Obdach und Fürsorge, darunter vor allem Arme, Kranke und Erschöpfte, aber eben auch viele Sterbende.

„Die Hospizidee ist eine die gesamte Gesellschaft beeinflussende Bewegung." Dazu zähle ein neuer Umgang mit Leben, Sterben und Tod sowie das Erhalten von Autonomie und Würde Schwerstkranker und Sterbender. „Dieses Streben kann an verschiedenen Orten in die Tat umgesetzt werden, sei es zu Hause, im Altenheim, im Krankenhaus auf einer Palliativstation oder im Hospiz."[10] Allen Arten von Hospizangeboten sind fünf Grundelemente gemeinsam:

– Der sterbende Mensch und seine Angehörigen stehen im Zentrum des Dienstes;
– der Gruppe der Betroffenen steht ein interdisziplinäres Team zur Verfügung (Ärzte, Pflegekräfte, Sozialarbeiter, Seelsorger);
– die Einbeziehung freiwilliger Helferinnen und Helfer;
– gute Kenntnisse in der Symptomkontrolle (vor allem, aber nicht nur Schmerztherapie);
– die Kontinuität der Fürsorge für die betroffene Gruppe.[11]

Neben diesen Grundelementen des Hospizkonzeptes richtet sich das im palliativen Dienst tätige Personal an Leitsätzen aus, an denen sich alle durchzuführenden Maßnahmen orientieren. Zu diesen Leitsätzen zählen der Respekt vor der Würde und Selbstbestimmung des Menschen, die Wahrhaftigkeit in der Kommunikation sowie der Verzicht auf unnütze Therapiemaßnahmen. Es geht nicht darum, den Schmerz, sondern den Menschen, der Schmerzen hat, zu behandeln; nicht darum, das medizinisch Machbare, sondern das medizin-ethisch Vertretbare zu leisten; nicht darum das Sterben, sondern die Qualität des verbleibenden Lebens in den Fokus zu rücken. Dabei muß der Patient bei Fortschreiten der Krankheit Verluste hinnehmen und sich mit der zunehmenden Reduktion voller Lebensqualität auseinandersetzen.

Das geschieht zum Beispiel durch eine psychosoziale Betreuung, in der es darum geht, mit dem Schwerkranken und seinen Angehörigen in ein Gespräch über das bevorstehenden Sterben und den Tod zu kommen und die Ängste und Sorgen des Patienten wie der Verwandten zu benennen. Die Begleitung findet also nicht nur medizinisch, sondern vor allem kommunikativ mit allen Betroffenen statt. So können denn auch ungelöste Probleme angegangen werden, über die man – vielleicht Jahre – nicht gesprochen hat, die man aber vor dem Tod noch ausräumen möchte. Ein anderer Aspekt der Hospizbewegung ist der Versuch, ein Sterben im eigenen Heim zu ermöglichen. „Wenn in Deutschland heute von Hospiz die Rede ist, denken nach wie vor die meisten Menschen noch immer an ein konkretes ‚Hospiz-Haus'. Tatsächlich überwiegen aber weltweit (und so auch in Deutschland) die ambulanten Angebote. Das macht auch Sinn, wenn man bedenkt, daß die meisten Menschen den Wunsch haben, zu Hause zu sterben, dort wo sie sich am geborgensten fühlen können."12

Zusammenfassend könnte man sagen, daß es bei „Palliative Care" und Hospizarbeit neben einer optimal angemessenen medizinischen Behandlung vor allem auch um die menschliche Zuwendung zum Schwerkranken geht. Dabei werden Krankheit, Sterben und Tod weder tabuisiert noch bagatellisiert, rücken jedoch auch nicht so in den Mittelpunkt, daß der Patient, der Träger dieser Krankheit, hinter dieser zu verschwinden droht. Vielmehr geht es darum, ihm dabei zu helfen, auch in der schweren Krankheit und sogar noch im Sterbeprozeß die verbleibende Lebensqualität schätzen zu können.

Mehr, so könnte man meinen, ließe sich von der Medizin eigentlich nicht verlangen. Und genauso ist es. Das eigentliche Problem besteht deshalb auch darin, daß viele eine Medizin, die all das zu leisten vermag, bislang nicht wollen, oder vielleicht besser: nicht konsequent genug wollen.

Dabei mag anfangs durchaus eine Rolle gespielt haben, daß „Palliative Care" in Deutschland noch relativ unbekannt war. Als Eberhard Klaschik, Facharzt für Anästhesie, 1983 zusammen mit einigen Kollegen die erste Palliativstation an der Kölner Uni-Klinik gründete, da waren „Palliative Care" und „Hospize" in Großbritannien schon beinahe etabliert.

16 Jahre zuvor, im Jahr 1967, hatte dort die Krankenschwester, Sozialarbeiterin und Ärztin Cicely Mary Strode Saunders (1918–2005) in Sydenham, einem Londoner Vorort, das St. Christopher's Hospice eröffnet. Nach dem Ausbruch des Zweiten Weltkrieges hatte sie ihr Studium der Politik, der Philosophie und der Wirtschaftswissenschaften an der Universität Oxford unterbrochen und eine Ausbildung zur Krankenschwester am Londoner St. Thomas' Hospital begonnen.

Nach dem Zweiten Weltkrieg betreute sie in einem großen Londoner Krankenhaus den polnischen Flieger David Tasma. Tasma, der das Warschauer Ghetto überlebt hatte, war im Alter von 40 Jahren an unheilbarem Krebs erkrankt. Von großen Schmerzen geplagt, wartete er in einem für viele Personen ausgelegten lauten Krankensaal auf den Tod.

Aus dem professionellen Verhältnis wurde bald eine tiefe Freundschaft. In den letzten beiden Monaten seines Lebens besuchte Saunders Tasma so oft sie konnte. Gemeinsam träumten sie von einem Platz, an dem Tasma nicht nur die Linderung seiner Schmerzen erfahren konnte, sondern auch genügend Zeit und Ruhe finden würde, um mit sich und seinem Leben ins reine zu kommen. Als Tasma am 25. Februar 1948 starb, hinterließ er Saunders 500 Pfund und das Versprechen: „Ich werde ein Fenster in deinem Heim sein." 1951 begann Cicely Saunders ein Medizinstudium, um sich – neben der Arbeit am Krankenbett – der Erforschung von Behandlungsmethoden zu widmen, die denjenigen helfen sollen, denen nach damaliger Überzeugung nicht mehr zu helfen war. Dem „total pain", stellte Saunders, die Euthanasie strikt ablehnte, das Konzept der „total care" entgegen. Krankheit und Leid sind diesem Verständnis nach multidimensional und können organische, psychische, spirituelle und soziale Beschwerden verursachen. Um all diesen Beschwerden auch wirksam begegnen zu können, mußte auch das Therapiekonzept multidimensional („total") ausgerichtet sein. Saunders erkannte, daß die Medizin diesem hohen Anspruch dabei nur gerecht werden könnte, wenn dies interdisziplinär geschehe. 1989 erhob Elisabeth II. Cicely Saunders wegen ihrer Verdienste in den Adelsstand.[13]

Das erste Hospiz in Deutschland wurde 1986 vom „Oratorium des heiligen Philipp Neri" eröffnet. Der heilige Philipp Neri (1515–1595) gründete 1575 das Oratorium in Rom und sammelte dort Menschen um sich, mit denen er ein Leben aus dem katholischen Glauben heraus führte. Der Name der Gruppe „Oratorium" leitet sich vom Treffpunkt ab, einem Gebetsraum, in dem sie die Bibel lasen, beteten und musizierten. Vor allem aber besuchte die Gruppe um Neri die Kranken in den Hospitälern Roms und kümmerte sich um die Armen der Stadt. Heute besteht das Oratorium weltweit aus 78 Hausgemeinschaften, sogenannten „Kongregationen", acht davon in Deutschland. Immer noch ist die Krankenfürsorge ein wichtiger Bestandteil: Die Aachener Gemeinschaft nimmt im „Haus Hörn" „Gäste" auf, „deren Leiden im Krankenhaus nicht mehr therapierbar ist oder bei denen pflegende Angehörige den Beistand nicht mehr alleine leisten können."[14] Die in diesem Fall durchaus erwünschte Nachahmung ließ lange auf sich warten: 1990 gab es in Deutschland nur drei Hospize, während Großbritannien bereits 145 Einrichtungen zählte. Im Jahr 2000 war die Zahl der Palliativstationen in Deutschland immerhin auf 65 angestiegen, ergänzt durch 87 Hospize. Doch das ehemalige Empire zählt da schon 230 Stationen.[15]

„Vor 25 Jahren wurde die Palliativmedizin in Deutschland völlig ignoriert. Das war wirkliche harte Aufbauarbeit, das reinste Klinkenputzen", erinnert sich Eberhard Klaschik. Ganze zehn Jahre habe es gedauert, bis er und seine Kollegen „die erste Anerkennung"[16] für ihre Arbeit ernten konnten. Weitere sechs Jahre sollte es dauern, bis dem Pionier die erste Professur für Palliativmedizin an einer deutschen Universität angetragen wurde. Inzwischen ist er emeritiert. Mittlerweile gibt es neben Bonn mit Aachen, Köln, Göttingen und München noch vier weitere Lehrstühle. Zwei weitere sind laut der DGP derzeit ausgeschrieben, drei weitere in Planung.[17]

Doch für eine flächendeckende Versorgung von Patienten und ihren Angehörigen sowie für die verpflichtende palliativmedizinische Ausbildung künftiger Ärzte reicht auch das bei weitem nicht. Dabei hatte schon der 106. Deutsche Ärztetag 2003 in Köln gefordert, die Palliativmedizin als Querschnittsbereich in die Approbationsordnung für Ärzte aufzunehmen und als Wahlfach für die abschließende ärztliche Prüfung zuzulassen.[18]

2005 schlug die Enquêtekommission des Deutschen Bundestages „Ethik und Recht der modernen Medizin" in die gleiche Kerbe und empfahl, „die Ärztliche Approbationsordnung so zu verändern, daß die Palliativmedizin zu einem Pflichtlehr- und Prüfungsfach für alle Medizinstudenten wird". Nicht ohne hinzuzufügen: „Eine Verankerung der Palliativmedizin in der ärztlichen Ausbildung ist nur möglich, wenn die medizinischen Fakultäten dieser Lehrverpflichtung nachkommen können und Lehrstühle einrichten."[19] Getan hat sich seitdem so gut wie nichts. Dabei hat seit der Gesundheitsreform im Jahr 2007 jeder Patient sogar einen gesetzlichen Anspruch auf ambulante palliativmedizinische Versorgung. Nur einlösen kann er ihn nicht. „Die bestehenden ambulanten Einrichtungen arbeiten weiter wie bisher, eine Erweiterung fand nicht stand",[20] weiß Klaschik.

Anders als in der Politik scheint die Palliativmedizin inzwischen immerhin bei den im Gesundheitswesen arbeitenden Menschen angekommen zu sein. „Es gibt eine große Anzahl an Weiter- und Fortbildungsmaßnahmen",[21] berichtet Klaschik. Das sieht auch die DGP so. Angebote zur Palliativmedizin würden in der Aus-, Fort- und Weiterbildung „von allen Berufsgruppen im Gesundheitswesen mit großem Interesse wahrgenommen." So hätten „über 2.000 Ärztinnen und Ärzte inzwischen die Zusatzbezeichnung ‚Palliativmedizin' erworben" und etwa „10.000 Pflegende" das 160 Stunden umfassende Curriculum „Palliative Care" durchlaufen.[22]

Doch für eine flächendeckende Versorgung reicht auch das nicht. „Momentan gibt es rund 160 Palliativstationen und 150 Hospize. Damit ist nur circa ein Drittel des Bedarfs gedeckt. Besonders im ambulanten Bereich gibt es immer noch erhebliche Versorgungslücken", weiß Klaschik. „Gut" sei die Versorgung „zum Beispiel in Berlin, Hamburg, Köln oder auch Dresden". Aber „schon im Ruhrgebiet" könne nicht jeder, der dies wünsche, auch versorgt werden.[23]

Hauptgrund für die Mißstände ist – wie sollte es auch anders sein – das Geld. „Eine gute palliativmedizinische Versorgung würde zwischen 600 und 700 Millionen Euro pro Jahr kosten", rechnet Prof. Dr. Christof Müller-Busch, DGP-Präsident und Leiter der Palliativstation am Krankenhaus Havelhöhe in Berlin, vor.[24] Das sei zwar ein Vielfaches dessen, was dafür in den letzten Jahren ausgegeben worden sei, zugleich aber auch nur ein Bruchteil der Ausgaben, die für die Onkologie getätigt würden. Ein Teil der Mehrausgaben, so muß man das wohl verstehen, ließe sich durch Einsparungen an anderer Stelle auffangen. „Euthanasie", räumt Müller-Busch ein, „ist sicherlich die preiswertere Alternative".[25]

Und genau darauf laufen wir zu, wenn nicht endlich etwas geschieht. „Wenn die Palliativmedizin es nicht bald schafft, sich als beste Versorgungsform für schwerstkranke Menschen zu präsentieren, wird die aktive Sterbehilfe immer populärer", prognostizierte der Direktor der Anästhesiologie an der Universitätsklinik Göttingen, Prof. Dr. Dietrich Kettler, bereits im Jahr 2002.[26]

Wie richtig Kettler damit lag, zeigt spätestens die im August 2008 veröffentliche Umfrage des „Instituts für Demoskopie Allensbach". Danach befürwortet mittlerweile eine wachsende Mehrheit der Bundesbürger selbst die „Tötung auf Verlangen". Für die repräsentative Umfrage hatten die Allensbacher rund 1.800 Befragten ab 16 Jahren folgende Frage vorgelegt: „Zur Zeit wird ja viel über aktive Sterbehilfe diskutiert. Das bedeutet, daß man das Leben schwerkranker Menschen, die keine Chance mehr zum Überleben haben und große Schmerzen erdulden müssen, auf deren eigenen Wunsch hin beendet. Sind Sie für oder gegen aktive Sterbehilfe?" 58 Prozent der Befragten sprachen sich daraufhin für eine „Tötung auf Verlangen" aus. 23 Prozent gaben sich unentschieden. Nur ganze 19 Prozent lehnten eine „Tötung auf Verlangen" unter den skizzierten Umständen ab.[27] Am größten war der Anteil der Befürworter der „Tötung auf Verlagen" dabei unter den 16- bis 29jährigen. Während in der Altersgruppe „60 Jahre und älter" mit 51 Prozent nur wenig mehr als die Hälfte der Befragten eine solche Form des Aus-der-Welt-Scheidens befürworteten, optierten 63 Prozent – also immerhin fast zwei Drittel – der Unter-30jährigen für einen derartigen Abgang.[28]

„Bei einer solchen Fragestellung, wie sie der Allensbach-Umfrage zu Grunde liegt, dürfen uns die Ergebnisse nicht verwundern", erklärte der Geschäftsführende Vorstand der Deutschen Hospizstiftung, Eugen Brysch, gegenüber der katholischen Zeitung „Die Tagespost".[29] „In den Medien" läsen wir „immer mehr Schreckensmeldungen über schlechte Zustände in Pflegeheimen und Krankenhäusern, wir erfahren von leidenden, schwerkranken Menschen und solchen, die aus Angst davor, zu einem Pflegefall zu werden, sich lieber selbst töten", so Brysch. Wer jetzt noch überrascht und entsetzt tue, daß Menschen nach solchen Nachrichten und Szenarien die „Tötung auf Verlangen" befürworteten, der verschließe die Augen „vor der Realität". „Natürlich wird ein junger Mensch, der sich nicht vorstellen kann, welche Möglichkeiten es im Umgang mit psychischem und physischem Leid gibt, so entscheiden", so Brysch weiter.[30]

Kritik an der Umfrage äußerte auch die Vorsitzende des Bundesverbands Lebensrecht (BVL), Claudia Kaminski. Die Ärztin bemängelte, daß die Befragten nicht auch auf die Möglichkeiten hingewiesen worden seien, welche die Schmerzmedizin inzwischen habe. „Daß ein Mensch mit unerträglichen Schmerzen sterben muß, kommt bei einer professionellen Behandlung heute praktisch nicht mehr vor. Hier muß offenbar noch sehr viel mehr Aufklärungsarbeit geleistet werden."[31]

Kaminski warnte jedoch auch davor, die Umfrage deshalb nicht ernst zu nehmen. „Diese Mehrheiten sind schockierend." Das gelte auch für Christen, die dem Lebensschutz oftmals aufgeschlossener gegenüberstünden als andere. Wenn 56 Prozent der Protestanten und 50 Prozent der Katholiken sich praktisch für die Euthanasie aussprächen, dann täten die Kirchen „wohl gut daran, einmal zu überprüfen, ob die ,ars moriendi' auch noch Gegenstand von Predigten ist", so Kaminski.

Die Kirchen forderte die resolute Lebensrechtlerin auf, den Umgang mit Sterben und Tod zum Thema der „Woche für das Leben" zu machen. Der Ernst der Lage dürfe von niemand unterschätzt werden. „Wir brauchen hier von beiden Kirchen einen ähnlich starken Einsatz, wie ihn die katholische Kirche in der Stammzelldebatte gezeigt hat. Andernfalls werden wir recht schnell und immer drastischer erfahren, wie brüchig die Solidarität mit alten, kranken und schwachen Menschen inzwischen vielerorts geworden ist", so Kaminski weiter.

Zumindest die Verbände schicken sich inzwischen an, Druck ausüben. Bis Juni 2010 wollen sie unter der Federführung der DGP, des „Deutschen Hospiz- und Palliativverbandes" und der Bundesärztekammer eine nationale „Charta zur Betreuung schwerstkranker und sterbender Menschen" erarbeiten. Zu einer ersten Sitzung kamen dazu Ende Januar 2009 immerhin die Vertreter von rund 40 Verbänden, Organisationen und Fachgesellschaften in Berlin zusammen. Gemeinsam wurden dabei die Eckpfeiler für die Arbeit der nächsten eineinhalb Jahre festgelegt.

„Gerade in einer älter werdenden Gesellschaft mit einem zunehmenden Anteil chronisch unheilbarer Erkrankungen müssen wir uns intensiv mit der Frage auseinandersetzen, wie wir mit Sterben und Tod umgehen", betont Prof. Dr. Christoph Fuchs, Hauptgeschäftsführer der Bundesärztekammer. In dieser Hinsicht könne die Charta auch „ein wirksamer Gegenpol zu den furchtbaren Erscheinungen in jüngster Zeit sein, schwerstkranken Menschen Möglichkeiten zum assistierten Suizid anzubieten",[32] glaubt Fuchs.

Eine spezielle Frage, die kontrovers diskutiert und nicht selten dazu mißbraucht wird, die Palliativmedizin in Mißkredit zu bringen, ist die der terminalen Sedierung, die bisweilen auch finale oder palliative Sedierung genannt wird. Die terminale Sedierung ist eine Form zur Linderung schwerer und schwerster Schmerzen durch die Gabe von sedierenden, d. h. schlafanstoßenden Medikamenten (Beruhigungsmitteln), „bis hin zur Erzeugung völliger Bewußtlosigkeit mit dem Ziel der Symptomkontrolle, die ohne dies zu beabsichtigen, zu einer Beschleunigung des Sterbeprozesses in der Endphase des Lebens führen kann."[33] Befürworter einer „Tötung auf Verlangen" behaupten nun, die terminale Sedierung unterscheide sich nicht von aktiver Euthanasie. Dies stimmt schon insofern nicht, als die Sedierung den Sterbeprozeß zwar beschleunigen kann, aber nicht muß und oft sogar die Lebenszeit verlängert: „Eine gekonnte Schmerztherapie verlängert das Leben. Starke Schmerzen führen dagegen zum Zusammenbruch des Organismus und somit schneller zum Tod", meint etwa der Onkologe Dr. Stephan Sahm.[34]

Darüber hinaus unterscheiden sich die Absichten fundamental, die der terminalen Sedierung auf der einen und der aktiven Euthanasie auf der andere Seite zugrunde liegen: Während die Sedierung als einziges Ziel die Schmerzlinderung hat und dabei eine eventuelle Lebensverkürzung allenfalls billigend in Kauf nimmt, zielt die aktive Euthanasie primär und direkt auf die Tötung des Patienten. Daß die Intention einer Handlung letztlich ausschlaggebend dafür ist, ob sie medizin-ethisch vertretbar oder gar zwingend geboten ist, verdeutlicht Sahm so: „Wenn ich einen an Krebs erkrankten Patienten an der Bauchspeicheldrüse operiere, liegt die Todeswahrscheinlichkeit bei 3 Prozent. Wenn der Patient bei der Operation sterben sollte, würde niemand davon sprechen, dies sei Sterbehilfe gewesen."[35] Mit anderen Worten: Ärzte müssen bei jeder medizinischen Maßnahme immer auch unerwünschte Nebenwirkungen in Kauf nehmen, im Falle der terminalen Sedierung kann das unter Umständen die Beschleunigung des Sterbeprozesses sein.

Darüber hinaus ist und bleibt die Sedierung nur „ein Instrument, um Sterben erträglich zu machen" und bei „Schwerstkranken im Endstadium (...) Leiden zu lindern."[36] „Somit handelt es sich bei der terminalen Sedierung nicht um aktive Sterbehilfe, da die Medikation dem Leben dient und nicht dem Tod",[37] stellen Thomas Klie und Johann Christoph Student denn auch klar.

Gleichwohl enthält die terminale Sedierung auch ein „verführerisches Potential":[38] So scheint es Fälle von Sedierung zu geben, mit denen die Schwelle zur Euthanasie übertreten wird: „In einer Studie in den Niederlanden gaben Ärzte an, daß sie in nicht wenigen Fällen bei terminaler Sedierung ‚auch' oder ‚vor allem' die Absicht hatten, das Sterben zu beschleunigen, oft in Verbindung mit dem Verzicht auf künstliche Ernährung."[39] In diesen Fällen war nicht mehr die „Symptomkontrolle, sondern die Tötung das eigentliche Ziel."[40] Auch hier zeigt sich, daß es in erster Linie die Intention ist, die darüber entscheidet, ob eine Sedierung ethisch vertretbar ist oder nicht. Die Mißbrauchsfälle zeigen aber auch, daß vor einem leichtfertigen Umgang mit dieser Form der Schmerztherapie gewarnt werden muß und ihr Einsatz allenfalls dann medizinisch indiziert ist, wenn vorher alle anderen palliativen Maßnahmen ausgeschöpft wurden. Um einem möglichen Mißbrauch wirksam wehren zu können, ist hier eine strenge Kontrolle unverzichtbar.

Bereits Anfang der 90er Jahre des vergangenen Jahrhunderts prognostizierte der spanische Pathologe und Professor für Bioethik Gonzalo Herranz auf einem vom Kölner Lindenthal-Institut veranstalteten internationalen Colloquium: „Ich wage zu behaupten, daß das gesamte Schicksal der Medizin von der Fähigkeit der Ärzte abhängt, Kurs zu halten, zwischen den trügerischen Klippen der Euthanasie einerseits und den bewußt unnützen Behandlungseingriffen andererseits, wenn es darum geht, unseren dem Sterben nahen Patienten mit einer quantitativ und qualitativ angemessenen Medizin gerecht zu werden."[41] Diesen Kurs gelte es auch dann zu halten, wenn der unentwegte gesellschaftliche Druck, der auf eine Straffreistellung der Euthanasie abzielte, zunehme.

In den letzten Jahren hat dieser Druck erheblich zugenommen, wie nicht zuletzt die Gesetzgebungen in den Niederlanden, Belgien und Luxemburg sowie die immer dreisteren Angebote der selbsternannten Todesengel zeigen.

„Palliative Care" und „Hospizarbeit" sind daher kein Luxus, den ein Gemeinwesen wie das unsere sich leisten kann oder nicht. Sie sind heute der einzige Weg, der sicherstellen kann, daß Menschen in unserer älter werdenden Gesellschaft auch morgen noch an der Hand eines anderen Menschen sterben können, anstatt durch die Hand eines anderen Menschen sterben zu müssen. Und wenn wir aufrichtig sind, werden wir zugeben, daß wir uns nichts sehnlicher wünschen, als genau so sterben zu dürfen. An der Hand statt durch die Hand eines Menschen.

Wir dürfen. Niemand kann uns daran hindern. Nur wir selbst. Das einzige, was wir dafür tun müssen, ist dafür zu sorgen, daß wir auch tatsächlich so sterben können. Und der sicherste Weg dorthin besteht nach wie vor darin, zunächst selbst einem Sterbenden die Hand zu reichen. Die offene, die unbewaffnete.

Kapitel 10

Das Mitleid des Schwächlings ist eine Flamme, die nicht wärmt."

Marie Freifrau von Ebner-Eschenbach
Aphorismen

Demenz

Warum eine Demenzerkrankung für alle Betroffenen schrecklich, aber nicht menschenunwürdig ist, und was wir von dem öffentlichgemachten Schicksal des großen Intellektuellen Walter Jens lernen könnten.

Altern ist keine Krankheit, sondern ein „biologisches, medizinisches, soziales, psychologisches, ökonomisches und geistiges Phänomen."[1] Eines das – mit Blick auf die Menschheitsgeschichte und gemessen an unseren heutigen Maßstäben – selbst relativ jung ist. Denn auch wenn es vermutlich zu allen Zeiten Menschen gegeben hat, die ein „biblisches Alter" erreichten, so steigt die durchschnittliche Lebenserwartung doch erst seit dem Jahr 1840 rapide an.

„Im alten Ägypten lag die durchschnittliche Lebenserwartung – auch aufgrund der hohen Säuglingssterblichkeit – bei rund 15 Jahren, im antiken Rom bei etwa 20 Jahren."[2] In Deutschland überschritt die durchschnittliche Lebenserwartung erst „um 1800 die Schwelle von 40 Jahren".[3] Hatten 1840 noch Schwedinnen mit durchschnittlichen 45 Jahren die höchste Lebenserwartung, so stehen heute die Japanerinnen, die eine durchschnittliche Lebenserwartung von 86 Jahren besitzen, im internationalen Vergleich an der Spitze.[4] Die gestiegene durchschnittliche

Lebenserwartung, die sich in technisch hochentwickelten Gesellschaften binnen der vergangenen 170 Jahre mehr als verdoppelt hat und die insofern als soziale Errungenschaft betrachtet werden darf, bringt es mit sich, daß Menschen heute an Krankheiten erkranken können, die früher nahezu bedeutungslos waren.

Beispiel Demenz: Unter Demenz wird allgemein der Verlust der geistigen Leistungsfähigkeit von Menschen bezeichnet. Diese kann auf sehr unterschiedliche Ursachen wie zum Beispiel chronische Vergiftungen, Stoffwechselstörungen oder Infektionen beruhen. In der überwiegenden Mehrzahl der Fälle entsteht Demenz jedoch aufgrund der Abnahme der Gehirnmasse im Alter und der Rückbildung von Nervenzellen. Dies führt in der Regel zu einer Verminderung von Intelligenz- und Gedächtnisleistungen sowie dem Sprachvermögen und kann mit Persönlichkeitsveränderungen sowie einem eingeschränkten Urteilsvermögen einhergehen. „Im fortgeschrittenen Stadium sind auch das Erkennen von Personen und das Orientierungsvermögen in Raum und Zeit beeinträchtigt."[5]

Neben den kognitiven Störungen treten bei Demenzkranken häufig auch andere psychische Auffälligkeiten auf, wie Depressionen, Schlafstörungen, Unruhe, Angst, Halluzinationen und Aggressionen. Erschwerend kommt hinzu, daß bis zu 86 Prozent leichter und bis zu 58 Prozent mittelschwerer Demenzen von den Hausärzten nicht erkannt werden. In vielen Fällen werden die Symptome einer Demenz für normale Erscheinungen des Alterns gehalten, was dazu führt, daß mit vielen Demenzkranken falsch umgegangen wird.

Nicht wenige Menschen – darunter vor allem Intellektuelle – halten Demenz für einen Zustand, der menschenunwürdig sei. Doch das ist Unsinn. Wer so redet, hat sich ein utopisches Bild vom Menschen gemacht, das an der Realität meilenweit vorbeigeht. Und was – zumindest für Intellektuelle – erstaunen muß: Er hat allenfalls unzureichend nachgedacht.

Denn ein bloßes biologisches Faktum kann nie unwürdig sein. In der Regel wird dies von den meisten Menschen auch durchaus anerkannt. So kommt zum Beispiel niemand auf die Idee zu behaupten, es sei menschenunwürdig, daß ein Säugling gestillt und gewickelt werden muß oder daß ein Kleinkind auf dem Bauch über den Zimmerboden robbt, wenn es einen Ortswechsel anstrebt. Der Grund: Wir haben gelernt, daß diese Verhaltenweisen der körperlichen und geistigen Entwicklung von Menschen in diesen Entwicklungsstadien völlig angemessen sind.

Und so wie es zum natürlichen Lauf des Lebens dazugehört, daß Menschen die meisten Fähigkeiten, die ihnen später selbstverständlich erscheinen, erst erlernen müssen, genauso gehört es zum natürlichen Lauf des Lebens dazu, daß Menschen viele dieser Fähigkeiten ab einem gewissen Alter wieder einbüßen.

In vielen Fällen sind wir durchaus bereit, auch dies zu akzeptieren. So erwartet zum Beispiel niemand, der ein realistisches Menschenbild besitzt, von einem Menschen jenseits der 40, daß er noch die gleichen sportlichen Höchstleistungen erbringt, die er noch vor einem oder zwei Jahrzehnten erbracht hat. Im Gegenteil: Die wenigen Menschen, die dazu imstande sind, pflegen wir gewöhnlich als Ausnahmeerscheinungen zu betrachten und zu bewundern.

Der Grund: Wir haben gelernt, es als normal zu betrachten, daß die körperliche Leistungsfähigkeit des Menschen ab einem gewissen Alter abnimmt. Und auch wenn es für einen ehemaligen Spitzensportler ebenso wie seine Fans durchaus schmerzhaft sein kann, die Erfahrung machen zu müssen, daß ihm seine einstigen Fähigkeiten nicht mehr im gewohnten Umfang zur Verfügung stehen und er jüngeren Konkurrenten deshalb inzwischen hoffnungslos unterlegen ist, so käme doch niemand auf die Idee zu behaupten, dies sei menschenunwürdig.

Nun ließe sich vermuten, die Tatsache, daß manche Menschen nicht in gleicher Weise in der Lage sind, die Abnahme geistiger Fähigkeiten bei ihren älteren Mitmenschen zu tolerieren, hänge einfach damit zusammen, daß es ihnen an vergleichbarem Wissen und Erfahrungen mangelt. Wie wir zu Beginn dieses Kapitels sahen, ist Altern – zumindest im heutigen Ausmaß – ein vergleichsweise junges Phänomen. Und vermutlich hängt das extreme Ausmaß an Betroffenheit, die der beobachtbare Abbau geistiger Fähigkeiten bei vielen Menschen hervorruft, deshalb auch tatsächlich damit zusammen, daß die Konfrontation mit einem Demenzkranken eine völlig neue Erfahrung bedeutet. So bekennt etwa der katholische Theologe Hans Küng, der ja mehr Gelehrter denn Seelsorger ist, über seinen an Demenz erkrankten Freund Walter Jens: „Zum ersten Mal erlebe ich solches aus der Nähe: diese Art des Absterbens des Hirns mit verheerenden Folgen."[6]

Walter Jens, der streitbare linke Intellektuelle, für den die Universität Tübingen 1963 eigens den ersten deutschen Lehrstuhl für Rhetorik eingerichtet hatte, ist heute 86 Jahre alt. 2004 wurde bei ihm, wie sein Sohn Tilman in der „Frankfurter Allgemeinen Zeitung" (FAZ) anläßlich des 85. Geburtstags seines Vaters schrieb, eine vaskuläre

Demenz diagnostiziert.[7] Diese Form der Demenz wird durch Durchblutungsstörungen im Gehirn hervorgerufen. Sind die Blutgefäße, welche das Gehirn mit Sauerstoff versorgen, verengt oder verschlossen, erleiden die Hirnzellen einen Sauerstoffmangel und sterben schließlich ab. So tragisch das ist, Walter Jens ist kein Einzelfall. Laut der ärztlichen Leiterin des Evangelischen Geriatriezentrums Berlin, Elisabeth Steinhagen-Thiessen, sind gegenwärtig in Deutschland rund 1,2 Millionen Menschen an Demenz erkrankt. Bei rund 800.000 von ihnen sei die Erkrankung so weit fortgeschritten, daß sie „zu einer selbständigen Lebensführung nicht mehr in der Lage" sind.[8] Und da die Bevölkerungsgruppe der heute über 80jährigen diejenige ist, die am stärksten wächst, rechnet die Professorin mit einem Anstieg der Demenzkranken auf 1,7 Millionen bis zum Jahr 2040.[9]

Laut dem vom Bundesministerium für Familie, Senioren, Frauen und Jugend im Jahr 2004 herausgegebenen „Vierten Bericht zur Lage der älteren Generation", der sich umfänglich mit Thema „Demenz" auseinandersetzt, beträgt die durchschnittliche Lebensdauer vom Beginn der ersten Symptome bis zum Tod rund acht Jahre.

Was den Fall von Walter Jens so besonders macht, ist, daß er vor seiner Demenzerkrankung wie sein Freund Hans Küng ein Verfechter einer Legalisierung der „Tötung auf Verlangen" war. Zusammen mit Küng hatte Jens im Jahr 1995 das jetzt neu aufgelegte Buch „Menschenwürdig sterben. Ein Plädoyer für Selbstverantwortung" herausgegeben. Darin schrieb er, wie Küng kürzlich in der FAZ in Erinnerung rief, unter anderem: „Die Poesie, deren Wesen es ist, in Gleichnis und Bild eine ars vivendi zu lehren, sollte entschiedener als bisher die Partei jener ergreifen, die jenes fünfte Recht der Kranken und Sterbenden ins Blickfeld rücken, das Recht, nicht leiden zu müssen, sondern in Frieden und Würde sterben zu können. Millionen von Menschen könnten, wie Hans Küng und ich, gelassener ihrer Arbeit nachgehen, wenn sie wüßten, daß ihnen eines Tages ein Arzt zur Seite stünde: kein Spezialist, sondern ein Hausarzt wie Dr. Max Schur es war, einer der bewundernswertesten Männer dieses Jahrhunderts, der nicht zögerte, seinem Patienten Sigmund Freud die tödliche Morphium-Dosis zu geben (...)."[10]

Für eine ZDF-Sendung zum Totensonntag gab der große Rhetor 1996 vor laufender Kamera das folgende Statement ab: „Ich glaube nicht, daß derjenige, der am Ende niemanden mehr erkennt von seinen Angehörigen, im Sinne des Humanen noch ein Mensch ist. Und deshalb denke ich, sollte jeder bestimmen können, dann und dann möchte ich, daß ich sterben darf."[11]

Dieser Zustand ist – glaubt man Walter Jens' Sohn Tilman, der wie sein Vater lange Zeit die Ansicht vertrat, daß es moralisch zulässig sei, wenn Menschen den Zeitpunkt ihres Todes selbst zu bestimmen suchten und dabei die Hilfe anderer in Anspruch nehmen wollten – längst eingetreten: „Das einst so phänomenale Gedächtnis hat seine Funktion eingestellt. Er weiß nicht mehr, wer er ist", schreibt Tilman Jens in seinem 2009 erschienenen Buch „Demenz – Abschied von meinem Vater."[12]

Und doch weigert sich er nun ebenso wie sein Bruder und seine Mutter, den Vater und Ehemann zu töten oder einen willigen Arzt damit zu betrauen. Dabei hatte Walter Jens, wie Tilman Jens schreibt, sie Anfang 2007 genau dazu auffordern wollen: „Ihr Lieben, es reicht. Mein Leben war lang und erfüllt. Aber jetzt will ich gehen", soll er gesagt und dann lächelnd doch hinzugefügt haben: „Aber schön ist es doch."[13]

Beinah entschuldigend fährt Tilman Jens fort: „(...) aber schön ist es doch: Redet so einer, der zum Sterben entschlossen ist? Meine Mutter, mein Bruder und ich sind uns einig, das Mandat, ihm aktiv beim Sterben zu helfen, ist in dieser Sekunde erloschen. Ein Zwar-ist-es-schrecklich-aber-schön-ist-es-manchmal-noch-immer ist keine Grundlage, um einen schwerkranken Menschen aus der Welt zu schaffen",[14] schreibt Jens.

Hans Küng sieht dies – das muß man wohl vermuten – offenbar anders. In seinem mit „Mich erschüttert dieser Mann" überschriebenen FAZ-Beitrag, der in einen höchst eigenwillig verklausulierten Appell an Juristen, Politiker, Ärzte, Medien und Kirchen mündet, mit dem diese offenbar aufgefordert werden sollen, einer Legalisierung der „Tötung auf Verlangen" in Deutschland zum Durchbruch zu verhelfen, stellt Küng die „hilflosen Sterbe-Appelle"[15] des 86jährigen Freundes als regelmäßig wiederkehrend dar.

Abgesehen davon, daß es von einem – freundlich formuliert – besonderen Geschmack zeugt, den Bericht über das persönliche Erleben des Schicksals eines Freundes mit einem gesellschaftspolitischen Appell zu verbinden, sticht bei der Lektüre des Küngschen Textes vor allem eines ins Auge: Küngs eigene Betroffenheit.

Man kann das authentisch nennen und sympathisch finden. Man kann es aber auch egozentrisch nennen und abstoßend finden. Für ersteres spricht, daß es vermutlich jedem Menschen, der zum ersten Mal einem an Demenz erkrankten Menschen begegnet, so wie Küng gehen und er sich „rat- und machtlos"[16] fühlen wird. Dies gilt ganz besonders, wenn die in gesunden Tagen unterhaltene Beziehung – wie bei Intellektuellen üblich – vor allem von geistigem Austausch dominiert wird. Nicht ohne Grund beklagt denn auch Küng: „Es ist mit diesem Geistesmann kaum noch eine geistige Kommunikation möglich, allerdings eine emotionale, etwa, wenn ich ihm seine geliebte Schweizer Schokolade bringe, und er lächelt."[17]

Wie schwer es einem Menschen fallen kann, sich statt auf den gewohnten Bahnen plötzlich in unbekannten Gewässern bewegen zu müssen, wird deutlich, wenn Küng schreibt: „Viele Wochen war Walter Jens bei Besuchen – er wohnt nur drei, vier Minuten entfernt – kaum ansprechbar. Und jedes Mal war ich froh, daß Frau Inge Jens dabeisaß und ich so vor allem mit ihr sprechen konnte, ihn nur von Zeit zu Zeit ins Gespräch einbeziehend, um bestensfalls einzelne Worte als Antwort zu erhalten."[18]

Ferner läßt Küng die Republik wissen, daß er es „bewundere", wie „tapfer und verständnisvoll die Frau meines Freundes diese tragische Situation durchzustehen sich bemüht und alles tut, um ihm das Leben so erträglich wie möglich zu machen."[19] Man kann das als ein öffentliches Kompliment lesen, das Küng der Frau seines alten Freundes macht. Man kann es aber auch als das traurige Bekenntnis eines Mannes lesen, der sich selbst zu Vergleichbarem nicht fähig wähnt.

Selbst der angedeutete Erkenntniszuwachs des Tübinger Theologen, der Päpsten und Kurie seit Jahrzehnten im Gestus eigener Unfehlbarkeit den Marsch bläst, bleibt noch ambivalent: „Deutlicher als früher" sei ihm, gesteht Küng, „jetzt bewußt, daß man angesichts eines Menschen, der keine körperlichen, sondern nur seelische Schmerzen erfährt, sich nicht befugt sehen kann einzugreifen, ja, daß unter Umständen nichts anderes übrigbleibt, als den Lauf des Geschehens einer anderen, höheren Instanz anheimzustellen."[20]

Daß er sich selbst ebenfalls nicht als befugt betrachtet, in den Lauf des Geschehens einzugreifen, und ihn einer höheren Instanz anheimstellt, schreibt Küng nicht. Tatsächlich schockieren muß der etwas kühle, einseitige Blick, den Küng in seinem Text auf seinen Freund wirft, wenn man ihn zusammen mit den Berichten liest, die Inge und Tilman Jens über ihr Leben mit dem an Demenz erkrankten Walter Jens verfaßt haben. Zwar berichten beide darin ebenfalls relativ schonungslos von dem Schmerz, den sie empfinden, wenn der Mann und Vater sie nicht mehr erkennt oder sich – unter dem Einfluß der Krankheit stehend – völlig anders verhält, als sie es jahrelang gewohnt waren. „Er schwieg monatelang, redete einfach nicht mehr, artikulierte nur hin und wieder ein zusammenhangloses, gelegentlich auch verständliches Wort und bediente sich ansonsten nur nonverbaler Äußerungen, um seine Befindlichkeiten und Bedürfnisse kundzutun: Wenn er ‚Nein' sagen wollte, wurde er aggressiv, drohte, spuckte, schlug, biß, kniff und trat. Dann wieder weinte er, war friedlich und freundlich-liebevoll zugewendet. Er lächelte dankbar, wenn es uns gelungen war, seine Bedürfnisse zu befriedigen. Dergleichen sehen und verstehen zu müssen stimmt traurig und macht gelegentlich auch wütend",[21] schreibt etwa Inge Jens.

Und doch wird die Wahrnehmung der beiden weder von der eigenen Erschütterung über den Zustand des geliebten Menschen noch von dem Schmerz, den dieser ihnen mit seinem Verhalten – unabsichtlich und krankheitsbedingt – offenbar immer wieder zufügt, nachhaltig getrübt.

Anders als Küng stellen sie zudem fest, daß Walter Jens offenbar Momente der Zufriedenheit, ja möglicherweise sogar eines tiefen Glücks erlebt, wenn er sich Dingen widmet, die für Intellektuelle gewöhnlich keine besondere Bedeutung besitzen. So berichtet etwa Tilman Jens von einem Ausflug, den er gemeinsam mit seinem Vater, seiner Betreuerin Margit Hespelers und deren Freund unternommen hat; eine „Landpartie", die offenbar zu den Ritualen seines Vaters zählt. Jens schreibt: „Hier kennt er sich aus. Caro, der Wachhund, bellt zur Begrüßung. Für Momente ist er so klar, wie ich ihn seit einem Jahr nicht erlebt habe (...) Er zeigt auf das Ende des Stalls. Ich solle mitkommen. Da sind Kaninchen. Er ist aufgeregt wie ein Kind. Er nimmt sich Grün und ein paar Karotten. Ich traue meinen Augen nicht. Mein Vater füttert Kanickel! Er, der Asthmatiker, der früher Tiere haßte – und mir aus Angst vor Haaren selbst die Anschaffung eines Hamsters verbot (...) Als er zurück ist in Tübingen, wird er meiner Mutter erzählen: ‚Caro ist der beste ...'"[22]

Demenz ist – da gibt es nichts zu beschönigen – unheilbar. Und doch gibt es, wie der Fall von Walter Jens zeigt, auch wenn medizinisch nichts mehr zu machen ist, noch jede Menge zu tun. Und genau dies leistet, wie Inge Jens berichtet, die Betreuerin, welche die inzwischen 80jährige promovierte Germanistin mit der Pflege ihres Mannes betraute: „Sie geht mit ihm in den Zoo und in den Supermarkt, besucht Spielplätze und führt ihn spazieren: mal dorthin, wo er Menschen trifft, die ihn kennen und ansprechen, mal an ruhigere Plätze, wo ihn die freie Aussicht freut. Sie kocht ihm, was er gerne ißt, und spielt Volkmusik, die ihm – das ist nicht zu übersehen – gefällt, vielleicht, weil die eingängigen Melodien und der sich wiederholende Rhythmus ihm guttun."[23] „Vielleicht" schreibt Inge Jens zum Ende ihres bewegenden Textes, „kann ich von Margit Hespelers Selbstverständlichkeit im Umgang mit meinem Mann lernen."[24] Vielleicht. Vielleicht hat aber auch jemand, der solche Sätze zu Papier bringen kann, das Wesentliche längst verinnerlicht. Falls dies zutrifft, dann lautet die spannende Frage möglicherweise, was wir aus dem Schicksal der Familie Jens lernen können.

Der mitreißende Rhetor, den Walter Jens über weite Strecken seines Lebens gab, der bewunderte Intellektuelle, der mit vielen Geistesgrößen der Weltgeschichte ein nahezu vertrauliches Verhältnis unterhielt, er ist – soviel steht fest – nicht mehr auffindbar. An seine Stelle ist ein mitunter desorientierter Mensch getreten, der seine Angehörigen nicht mehr durchgängig erkennt, der mit einer Kinderfibel die verlorene Lesefähigkeit wieder zu erlernen sucht und der einen offensichtlich glücklichen Eindruck macht, wenn er Mohrrüben an Kaninchen verfüttern, im Supermarkt den Einkaufswagen schieben kann und an der Fleischtheke ein Brötchen mit Leberkäse geschenkt bekommt.[25]

Weder romantisiert noch verharmlost man den Verfall der geistigen Fähigkeiten von Menschen, wenn man behauptet, daß dieser für alle Beteiligten zwar außerordentlich tragisch, aber eben nicht menschenunwürdig ist. Andernfalls müßte man auch behaupten wollen, es sei menschenunwürdig, daß ein passionierter Dachdecker mit 70 Jahren nicht mehr auf Dächern balancieren und ein Bauarbeiter keine 30 Kilo schweren Zementsäcke mehr stemmen könne.

Mancher wird hiergegen sicher einwenden wollen, daß es einen qualitativen Unterschied mache, ob jemand bestimmte körperliche Fertigkeiten oder aber geistige Fähigkeiten einbüße. Dazu müßte er sich allerdings auf den Standpunkt stellen, daß jemand, der bestimmte körperliche Fertigkeiten eingebüßt hat, immer noch dieselbe Person sei, während jemand, dem bestimmte geistige Fähigkeiten abhanden gekommen sind, aufhöre, dieselbe Person zu sein. Auf den ersten Blick scheint dafür tatsächlich etwas zu sprechen. Und vermutlich würden die allermeisten Menschen spontan behaupten, daß jemand, der früher Tiere „gehaßt" hat und nun mit Wonne Kaninchen füttert, und der heute, sagen wir, einen Schlager der Wildecker Herzbuben einer früher bevorzugten Symphonie, sagen wir, von Joseph Haydn vorzieht, tatsächlich nicht dieselbe Person sein könne, die der früher einmal war.

Nachdenklich müßte uns dann allerdings stimmen, daß der Mensch, dessen heutige Vorlieben seinen früheren derart radikal entgegengesetzt sind, „nach seiner Mutter" fragt, wenn auch, wie Hans Küng betont, „ohne jeden Zusammenhang" und so „wie wenn sie noch am Leben wäre".[26] Offenbar haben der Walter Jens, der früher Tiere nicht ausstehen konnte, und der, der heute Freude an ihnen hat, doch mehr gemeinsam, als auf den ersten Blick deutlich wird. Sie erinnern sich nicht nur an die gleiche Mutter, sondern rufen auch dem Sohn – sofern sie ihn erkennen – immer noch „Tschüß, mein Jung"[27] zum Abschied nach.

Daraus könnte man schließen, daß das, was sich verändert hat, in Wirklichkeit gar nicht die Person Walter Jens ist, sondern bloß deren Persönlichkeit, die sich in

Eigenschaften und Vorlieben manifestiert, die ihr Träger – die Person eben – in unterschiedlicher Weise entwickeln kann.

Dafür spricht auch, daß wir alle im Laufe unseres Lebens zahlreiche Persönlichkeitsveränderungen erfahren. So konnten wir uns zum Beispiel in jungen Jahren hingebungsvoll Spielen wie „Cowboy und Indianer" widmen, während wir die Liebesfilme, die unsere Eltern sich anschauten, einfach nur „eklig" und zum Davonlaufen fanden. Heute geht es uns vielleicht genau umgekehrt. Und doch würde niemand behaupten wollen, daß der „Rasende Falke" von damals und der Ehemann, der sich heute zusammen mit seiner Frau „Stolz und Vorurteil" ansieht, zwei verschiedenen Personen seien, obwohl sich ihre Persönlichkeit ganz sicher verändert hat.

Nun könnte man allerdings anstelle der Behauptung, daß ein Mensch, dem bestimmte geistige Fähigkeiten abhanden gekommen sind, eine andere Person sei, als diejenige, die noch im Besitz solcher Fähigkeiten war, auch einen noch weitaus radikaleren Standpunkt vertreten; und etwa bestreiten, daß derjenige, dem bestimmte geistige Fähigkeiten fehlen, überhaupt eine Person sei.

Wer so argumentiert – und zumindest zu Beginn des Lebens wird dies auch heute noch in aller Deutlichkeit getan – knüpft das Personsein an Fähigkeiten. Dabei ist es allenfalls von nachrangiger Bedeutung, ob man – wie der deutsche Rechtsphilosoph Norbert Hoerster – das Personsein an ein erkennbares Überlebensinteresse oder – wie der australische Bioethiker Peter Singer – an den Nachweis von Selbstbewußtsein koppelt. Entscheidend ist, daß hier behauptet wird, bestimmte geistige Fähigkeiten seien dafür verantwortlich, daß aus einem Angehörigen der Spezies „homo sapiens sapiens" eine Person werde. Das ist insofern bedeutsam, als Norbert Hoerster, Peter Singer und einige andere – darunter auch der Hamburger Rechtsphilosoph Reinhard Merkel – nur Personen ein „Recht auf Leben" zugestehen.

Nun könnte man freilich vermuten, Professoren, die derart gravierende Thesen aufstellten, wüßten auch zu zeigen, wie man eine Person wird und in den Kreis derer gelangt, die nicht getötet werden dürfen. Doch das ist ein Irrtum. Interessanterweise hat keiner von ihnen darauf bisher eine Antwort gegeben.

Das Gleiche gilt allerdings auch für Philosophen wie Günther Pöltner, Robert Spaemann oder Martin Rhonheimer, die sich in der Vergangenheit recht kritisch mit den von ihren Universitätskollegen vertretenen Positionen auseinandergesetzt haben. Auch sie zeigen alle nicht, wie aus einem Angehörigen der Spezies „homo sapiens sapiens" eine Person wird. Und dies vermutlich sogar aus demselben Grund, aus dem auch Hoerster & Co. darauf verzichten: Weil es dort nämlich nichts zu zeigen gibt.

Der entscheidende Unterschied zwischen den beiden philosophischen Lagern ist, daß Pöltner, Spaemann, Rhonheimer sowie einige andere daraus die richtigen Schlüsse ziehen. Diese haben zudem den Vorteil, daß sie sich auf eine einfache Formel bringen lassen, die lautet: Man wird nicht Person! Man ist Person! „Nur weil der Embryo (...) schon immer eine menschliche Person ist", könne er, so etwa Rhonheimer, im Verlauf seiner Entwicklung „die Eigenschaften von Personen" ausbilden.[28] Oder wie Pöltner es formuliert: Um überhaupt menschliche Eigenschaften haben und weiter entfalten zu können, müsse ein Subjekt bereits Mensch sein.[29]

Was am Anfang des Lebens gilt, gilt hier auch an seinem Ende. Man hört nicht auf eine Person zu sein, nur weil man bestimmte Fähigkeiten einbüßt, die nur Personen entfalten können. Wäre es anders, müßte man zeigen können, wie ein „etwas" zu einem „jemand" und ein „jemand" zu einem „etwas" wird. Bislang ist dies jedoch noch niemandem gelungen.

Kapitel 11

Nur das Unerreichbare ist es wert, begehrt
zu werden, nur das Erreichbare gesucht zu
werden."

Nicolás Gómez Dávila
„Das Leben ist die Guillotine der Wahrheiten"

Wir haben (noch) immer die Wahl

Was sich alles ändern muß, damit wir in Würde sterben können.

Nur in kranken Gesellschaften sterben Menschen gesund, haben wir zu Beginn dieses Buches behauptet. Angesichts des demographischen Wandels, steigender Gesundheitskosten, der Verharmlosung des Suizids, einer menschenverachtenden Gesetzgebung in einer ganzen Reihe unserer Nachbarländer, der wachsenden Überforderung von Ärzten und Pflegern, geschäftstüchtigen Todesengeln und einer längst nicht flächendecken Versorgung mit „Palliative Care", könnte manch einer versucht sein, zu resignieren.

Zu viele Jäger seien bekanntlich des Hasen Tod, könnte man meinen, und die „Schöne neue Welt" wenn auch nicht mit offenen Armen willkommenheißen, so doch als unausweichlich ansehen. Nun, das wäre vermutlich der sicherste Weg, „Moribundenkliniken" – weit vor dem Jahr 2540 n. Chr. – auf den Weg zu bringen, und folglich etwas, was wir unter allen Umständen unterlassen sollten.

Falsch wäre es aber auch aus anderen Gründen. Etwa, weil die Lage zwar durchaus ernst, aber keinesfalls hoffnungslos ist. Aber auch, weil es – selbst wenn es anders wäre – Situationen gibt, die unseren entschiedenen Widerspruch erfordern, ganz gleich wie es um die Aussicht auf Erfolg bestellt sein mag.

Dazu gehört ganz sicher die Tötung von Menschen, die ihrerseits niemanden mit dem Tode bedrohen. Niemand hat das Recht, einen solchen Menschen zu töten. Niemand hat das Recht, von einem Menschen zu verlangen, daß er einen solchen Menschen tötet. Und niemand hat das Recht, von einem Menschen zu verlangen, selbst getötet zu werden. Bei dieser Trias geht es nicht nur um die bloße Erfüllung des fünften Gebots des Dekalogs „Du sollst nicht töten", welches bedauerlicherweise nicht einmal von Christen uneingeschränkt beachtet wird. Sondern es geht auch um die Zukunft des Rechtsstaats. Denn wo das Recht auf Leben nicht gewahrt wird, das in einer gewissen Weise auch als das fundamentalste aller Menschenrechte betrachtet werden kann, weil alle anderen Menschenrechte – zumindest in der Praxis – dann irrelevant werden, wenn das „Recht auf Leben" mißachtet wird, dort gibt es auch keine Gewähr dafür, daß irgendein anderes Menschenrecht geachtet wird. Wo aber die Menschenrechte nicht gewahrt werden, da kann von einem Rechtsstaat keine Rede mehr sein. Nicht von ungefähr ist der Weltstaat, den Huxley in „Schöne neue Welt" entwirft, denn auch ein totalitärer Staat mit Kastensystem.

Wenn wir also wollen, daß der Rechtsstaat dauerhaft erhalten, mithin das Recht auf Leben nicht noch weiter beschnitten wird – ein Anliegen, welches im Interesse aller Staatsbürger unabhängig von ihrer religiösen Einstellung liegen müßte –, dann gilt es vieles zu ändern:

– Krankheit, Sterben und Tod müssen von der Tabuisierung und aus der Verbannung befreit und von uns wieder als selbstverständlich zum Leben gehörend begriffen werden.

- Kranke, Leidende und Sterbende müssen als Personen anerkannt und respektiert, medizinisch angemessen versorgt sowie achtsam und liebevoll begleitet werden. Aus der „Demenz auf Zimmer 12" muß wieder „Herr Maier" und aus dem „Oberschenkelhalsbruch auf Zimmer 4" wieder „Frau Schulze" werden.
- Sorgen und Ängsten von Angehörigen muß mit Verständnis und Feingefühl begegnet werden.
- Medizinern, Pflegern und Betreuern muß Respekt und Wertschätzung für ihren Einsatz entgegenbracht werden.

Um dies zu verwirklichen, können sowohl Institutionen als auch jeder einzelne von uns einiges tun:

- Die Kirchen können in ihren medizinischen und caritativen Einrichtungen die Achtung jeder Person als Ebenbild Gottes fördern und so zu der von Papst Johannes Paul II. geforderten Errichtung der „Kultur des Lebens" maßgeblich beitragen. In Katechesen und Gottesdiensten können sie die frohe Botschaft verbreiten, daß jeder Mensch von Gott angenommen ist, unabhängig davon, was er zu leisten imstande ist.
- Die im Gesundheitswesen tätigen Menschen können sich wieder stärker auf das medizinische Ethos besinnen, um den ihnen anvertrauten Personen womöglich Heilung, immer aber Linderung und Trost zuteil werden zu lassen. Dazu gehört auch die Einsicht, daß nicht alles, was medizinisch machbar, auch ethisch akzeptabel ist.
- Die Politiker können durch entsprechend restriktive Gesetze die Unantastbarkeit der menschlichen Würde gegen Angriffe verteidigen. Dazu gehört auch, partikularen Interessen und Lobbyisten nicht nachzugeben sowie

unabhängig von Zeitgeist und momentanen Stimmungen Todesengeln das Handwerk zu legen.

Damit wäre schon Notwendiges, wenn auch noch längst nicht Hinreichendes gewonnen. Denn für das gesellschaftliche Klima sind nicht nur Institutionen, sondern ist auch jeder einzelne von uns verantwortlich.

Weder christliche Einrichtungen, noch ethisch gebildetes medizinisches Personal, noch gute Gesetze können das verantwortungsbewußte Handeln konkreter Personen ersetzen. „So wie kein Rechtsstaat mit einer noch so guten Verfassung und noch so gerechten Gesetzen auf die Dauer ohne die Tugenden ‚rechtschaffener' Bürger bestehen kann, so wenig kann eine Gesellschaft ‚human', menschenwürdig bleiben ohne millionenfache kluge und gerechte, mutige und gütige Verhaltensweisen ihrer einzelnen Mitglieder."[1]

Staat, Gesellschaft und Institutionen auf der einen Seite und die Bürger auf der anderen Seite bedingen einander, da die Bürger Staat und Gesellschaft bilden und die Institutionen ihr Personal aus ihrer Mitte rekrutieren. Werte, Normen und Tugenden in Staat und Gesellschaft werden also maßgeblich durch das Verhalten jedes einzelnen Bürgers geprägt.

Deswegen ist es bedeutsam, daß jeder einzelne von uns in Familie, Beruf und Freundeskreis für das Recht auf Leben eintritt und sich entsprechend seinen Fähig- und Möglichkeiten in Staat und Gesellschaft engagiert, um ein humanes Miteinander zu ermöglichen. Dies kann damit beginnen:

– Angehörige, Freunde und Kollegen, die Hilfe benötigen, nach Kräften zu unterstützen;

– in den Mitmenschen Personen zu sehen, die jederzeit, unabhängig von ihren Einstellungen und Fähigkeiten, Achtung und Respekt verdienen;
– sich mit der Möglichkeit von Krankheit, Sterben und Tod auseinanderzusetzen, und das Leid, das einem begegnet, nicht zu verdrängen;
– Solidarität mit den Kranken, Leidenden und Sterbenden zu üben und ihnen beizustehen, wenn es nötig ist, anstatt diese Aufgaben an andere zu delegieren.

Wenn all dies wieder von mehr Menschen in unserem Land gelebt wird, dann läßt sich möglicherweise auch wieder die „ars moriendi", die Kunst des Sterbens, erlernen, deren Verlust die Politik-Redakteurin der „Süddeutschen Zeitung", Nina von Hardenberg, beklagt: „Die Angst vor der Hölle und dem Fegefeuer ist heute der Angst vor dem Siechtum auf Erden gewichen. Die Menschen fürchten sich, am Ende ihres Lebens an Schläuche gehängt, künstlich ernährt und entwürdigt zu werden."[2]

Diese Angst, die womöglich bei einer flächendeckenden Etablierung von „Palliative Care" und Hospizarbeit gar nicht existent wäre, läßt sich durch unseren vermehrten Einsatz verringern oder gar beseitigen. Und mit ihr verschwänden dann auch die Todesengel.

Zu allen Zeiten gab es Menschen, die sich einer solchen Entwertung des Lebens widersetzten und die uns als Vorbilder dienen können. Einer von ihnen war der griechische Arzt Hippokrates. Ein anderer Papst Johannes Paul II., über den von Hardenberg schreibt: „Er hat der Welt vorgelebt, daß man auch in schwerer Krankheit bis zuletzt würdevoll und selbstbestimmt leben kann."[3]

Anmerkungen

Vorwort

1 Ariés, Philippe: Die Geschichte des Todes. München 1980ff.

Kapitel 1: „Heute ihr, morgen wir?"

1 Huxley, Aldous: Schöne neue Welt. Frankfurt, 64. Auflage, 1953, S. 201.

2 Huxleys Roman spielt „im Jahr 632 nach Ford"; was dem Jahr 2540 n. Chr. entspricht. In „Schöne neue Welt" beginnt die neue Zeitrechnung – nach einem fürchterlichen Vernichtungskrieg, in dessen Verlauf auch Massenvernichtungswaffen gegen die Zivilbevölkerungen eingesetzt wurden – mit der Herstellung des „Modells T" der „Ford Motor Company" im Jahr 1908.

3 Rehder, Stefan: Sterbehilfe in der Industriegesellschaft. In: LebensForum Nr. 70 (2004) S. 24f.

4 Ebenda.

5 Ebenda.

6 Erhalten Sie auch Legate? Durch die Ferien mit Ludwig A. Minelli. In: Die Wochenzeitung v. 20.07.2006.

7 Weshalb ich Sterbewilligen beim Suizid helfe. In: Tagesanzeiger v. 16.10.2008.

8 Balkenohl, Manfred: Der Eid des Hippokrates. Absteinach 2007, S. 6.

9 Hackmann, Tobias / Stefan Moog: Älter gleich kränker? Auswirkungen des Zugewinns an Lebenserwartung auf die Pflegewahrscheinlichkeit. Forschungszentrum Generationenverträge. Albert-Ludwigs-Universität Freiburg. Diskussionspapier Nr. 26, April 2008.

10 Statement von Johann Hahlen bei der Vorstellung »Krankheitskosten 2002« am 6.7.2004.

11 Ebenda.

12 „Gesundheit in Deutschland". Gesundheitsberichterstattung des Bundes, Berlin 2006, S. 187ff.

13 Blasel, Veronika: Abtreibung und Demografie. In: Lebens-Forum Nr. 68 (2003) S. 4 f.

14 Was kommt, war eigentlich schon! In: Flensburger Tageblatt v. 22. 9. 2007.

15 Pressemitteilung des Statistischen Bundesamtes v. 19. Oktober 2006.

16 http://www.destatis.de/presse/deutsch/pk/2003/Bevoelkerung_2050.pdf

17 Deutschlands größte Herausforderung. In: Frankfurter Allgemeine Zeitung v. 8. Februar 2004.

18 Was kommt, war eigentlich schon!, a. a. O.

19 Spieker, Manfred: Acht Millionen. Zur Kultur des Todes in Deutschland. In: LebensForum Nr. 70 (2004) S. 4–7.

20 Blasel, Veronika: Abtreibung und Demografie, a. a. O., S. 9 f.

21 Ebenda.

Kapitel 2: Über die Unterschätzung
und falsche Glorifizierung des Suizids

1 Markl, Hubert: Schöner neuer Mensch? München 2002, S. 18: Laut Markl dreht sich um den naturalistischen Fehlschluß „im Grunde die ganze bioethisch-biopolitische Debatte".

2 Krug, E. / Dahlberg, L. / Mercy, J. / Zwi, A. / Lozano, R. (Hrsg.): „World report on violence and health", World Health Organization (WHO), Genf 2002, S. 185 ff.

3 Todesursache Suizid. In: Wirtschaft und Statistik 10/2007, Statistisches Bundesamt, Wiesbaden 2007, S. 960 ff.

4 Vennemann, M. M. T. / Berger, K. / Richter, D. / Baune, B. T.: Unterschätzte Suizidraten durch unterschiedliche Erfassung in Gesundheitsämtern. In: Deutsches Ärzteblatt 2006; 103 (18): A 1222–1226.

5 Die Todesursachenstatistik – Methodik und Ergebnisse 2004. In: Wirtschaft und Statistik 6/2006, Statistisches Bundesamt, Wiesbaden 2006, S. 624.

6 Tolmein, Oliver: Keiner stirbt für sich allein. Sterbehilfe, Pflegenotstand und das Recht auf Selbstbestimmung. München 2006, S. 128.

7 Schopenhauer, Arthur: Die Welt als Wille und Vorstellung. Band I. Frankfurt 1996, S. 541.

8 Payk, Theo R.: Töten aus Mitleid? Leipzig 2004, S. 53.

9 Felber, Werner / Wolfersdorf, Manfred: Sind Suizidprophylaxe und Sterbehilfe miteinander vereinbar? In: Suizidprophylaxe 92 (1997) S. 109–113.

10 Wolfersdorf, Manfred: Suizidalität-Begriffsbestimmung und Grundzüge der notfallpsychiatrischen Suizidprävention. In: psycho 26 (2000).

11 Klesse, Raimund: Der Todeswunsch aus psychiatrischer Sicht. In: Imago Hominis 1/2003, S. 37–44.

12 Arsenault-Lapierre, G. / Kim, C. / Turecki, G.: Psychiatric diagnoses in 3275 suicides: a meta-analysis. In: BioMed Central Psychiatry 37 (2004) 4 (http://www.biomedcentral.com/1471-244X/4/37).

13 Hoerster, Norbert: Sterbehilfe im säkularen Staat. Frankfurt 1998, S. 169.

14 Klie, Thomas / Student, Johann Chr.: Sterben in Würde. Ausweg aus dem Dilemma Sterbehilfe. Freiburg 2007, S. 114.

15 Nietzsche, Friedrich: Werke. Kritische Gesamtausgabe. Hrsg. v. G. Colli und M. Montinari, Berlin/New York 1967 ff., Abteilung VI/Band 1: Also sprach Zarathustra, S. 90.

16 Erklärung der Kongregation für die Glaubenlehre zur Euthanasie vom 20. Mai 1980. Verlautbarungen des Apostolischen Stuhls (20), Abschnitt I.

17 KKK, 2280–2283.

18 Erklärung der Kongregation für die Glaubenlehre zur Euthanasie, a.a.O., Abschnitt II.

19 Wittgenstein, Ludwig: Werkausgabe in 8 Bänden. Frankfurt 1984 ff. Band 1: Tractatus logico-philosophicus, Tagebücher 1914–1917, Philosophische Untersuchungen, S. 187.

20 Müller, Anselm Winfried: Tötung auf Verlangen – Wohltat oder Untat? Stuttgart 1997, S. 197.

21 Ebenda, S. 198.

22 Klesse, Raimund (2003) a.a.O.

23 Ebenda.

24 Spaemann, Robert: Es gibt kein gutes Töten (1997). In: Ders.: Grenzen. Zur ethischen Dimension des Handelns. Stuttgart 2001, S. 433.

Kapitel 3: Europa vor der Rampe

1 Gesetz über die Kontrolle der Lebensbeendigung auf Verlangen und der Hilfe bei der Selbsttötung.

2 Tolmein, Oliver (2006) a.a.O., S. 184 f.

3 Kein Recht, keine Pflicht. In: Frankfurter Allgemeine Zeitung v. 14. 7. 2008.

4 Deutsches Ärzteblatt (online) v. 27. 4. 2006.

5 Der Gedanke des Tötens. In: Der Spiegel 30/2004.

6 Spieker, Manfred: Der verleugnete Rechtsstaat. Anmerkungen zur Kultur des Todes in Europa. Paderborn 2005, S. 55.

7 Sterbe, wer will? In: Die Zeit 39/1996.

8 Wer bestimmt die Zeit zum Sterben? In: Chrismon 3/2001.

9 Tolmein, Oliver (2006) a.a.O., S. 187 ff.

10 Jochemsen, Henk: Sterbehilfe und Palliativmedizin in den Niederlanden. In: Göring-Eckardt, Katrin (Hrsg.): Würdig leben bis zuletzt. München 2007, S. 87–98.

11 Sterbe, wer will?, a.a.O.

12 Jochemsen, Henk: Sterbehilfe in den Niederlanden. In: Rainer Beckmann / Mechthild Löhr / Julia Schätzle (Hrsg.): Sterben in Würde. Beiträge zur Debatte über Sterbehilfe. Krefeld 2004, S. 235–249.

13 Van der Wal, Gerrit / van der Maas Paul J. et al.: Evaluation of the euthanasia notification procedure in the Netherlands. New England Journal of Medicine. Vol. 335 (1996) S. 1706–1711. Onwuteaka-Philipsen, Bregje D. / van der Heide, Agnes et al.: Euthanasia and other end-of-life decisions in the Netherlands in 1990, 1995 and 2001. The Lancet. Online-Veröffentlichung v. 17. 6. 2003 (http://image.thelancet.com/extras/03art3297web.pdf).

14 Geringe Lebensqualität. Die finstere Praxis der Sterbehilfe. In: Süddeutsche Zeitung v. 17. 7. 2003.

15 Der Gedanke des Tötens, a.a.O.

16 Ebenda.

17 Deutsches Ärzteblatt (online) v. 2. 7. 2007.

18 Rietjens, Judith / van der Heide, Agnes et al.: Physician Reports of Terminal Sedation without Hydration or Nutrition for Patients Nearing Death in the Netherlands. In: Annals of Internal Medicine. Vol. 141 (2004) S. 178–185.

19 Elisabeth Wehrmann: Die letzte Hürde. In: Die Zeit 16/2001.

20 Der Gedanke des Tötens, a.a.O.

21 Prat, Enrique: Das belgische Euthanasiegesetz. In: Imago Hominis 2/2002, S. 86 f.

22 Gesetz zur Sterbehilfe vom 28. Mai 2002, offizielle dt. Übersetzung in: Belgisches Staatsblatt vom 12.6.2003.

23 Ebenda.

24 Belgische Ärzte vermuten 1000 Euthanasie-Tote seit Legalisierung. In: Kath.net v. 12.12.2003.

25 Gregory, Michael: Fatale Signale. Tötung auf Verlangen kommt! In: LebensForum Nr. 86 (2008) S. 4–6.

26 Autonomie am Lebensende nicht gesetzlich verordnen. In: Die Tagespost v. 20. April 2004.

27 Gastmans, Chris / Lemiengre, Joke et al.: Prevalence and content of written ethics policies on euthanasia in Catholic healthcare institutions in Belgium (Flanders). In: Health policy 76 2006. S. 169–178.

28 Ebenda.

29 Ebenda.

30 Luxemburgs Parlament billigt Euthanasie. In: Die Tagespost v. 20.12.2008.

31 Der Großherzog, sein Gewissen und die Demokratie. In: Die Welt v. 12.12.2008.

32 Eibach, Ulrich: Aktive Sterbehilfe und Beihilfe zur Selbsttötung – Ein Menschenrecht? In: Beckmann / Löhr / Schätzle (Hrsg.): Sterben in Würde, a.a.O., S. 119–143.

Kapitel 4: Das Groningen-Protokoll

1 Eckart, Wolfgang U.: Geschichte der Medizin, Heidelberg 2005, S. 146 ff. Gurlt, Ernst: Hufeland, Christoph Wilhelm. In: Allgemeine Deutsche Biographie. Bd. 13. Leipzig 1881, S. 286–296.

2 Nipperdey, Thomas: Deutsche Geschichte 1800–1866. Bürgerwelt und starker Staat. 6. durchges. Aufl., München 1993, S. 141 f.

3 Hufeland, Christoph Wilhelm: Die Verhältnisse des Arztes. In: Neues Journal der practischen Arzneykunde und Wundarzneykunst 23/3, Berlin 1806, S. 5–36.

4   Reimann, Andreas: Das Groningen-Protokoll. In: Lebens-Forum Nr. 73 (2005) S. 6 f.

5   Verhagen, Eduard / Sauer, Pieter: The Groningen protocol – euthanasia in severely ill newborns. New England Journal of Medicine, vol. 352 (2005) S. 959–962.

6   Der frühe Tod. In: Der Tagespiegel v. 17. 4. 2006.

7   Verhagen, Eduard / Sauer, Pieter (2005) a.a.O.

8   Tolmein, Oliver (2006) a.a.O., S. 194.

9   Der frühe Tod. In: Der Tagespiegel v. 17. 4. 2006.

10   This doctor is proud to have killed four newborns. In: Daily Telegraph v. 26. 12. 2004.

11   Entscheidung an der Wiege. In: Die Zeit 6/2005.

12   Beine, Karl Heinz: Tötungsserien in Krankenhäusern und Heimen – Morden gegen das Leiden. In: Deutsches Ärzteblatt 104 (2007) A 2328–2332.

13   Ärzte wollen auch Erlaubnis für Früheuthanasie. In: Zeitschrift für Lebensrecht 1/2005, S. 36.

14   Mord nach Protokoll. In: Die Tagespost v. 15. 2. 2005.

15   Provoost, Veerle / Cools, Filip et al.: Medical end-of-life-decisions in neonates and infants in Flanders. In: The Lancet, vol. 365 (2005) S. 1315–1320.

16   Kaster, Georg (Hrsg.): Sterben – an der oder durch die Hand des Menschen. Münster 2009, S. 95 f.

17   Päpstliche Akademie für das Leben: Euthanasie in den Niederlanden nun auch bei Kindern. Betrachtungen von S.E. Msgr. Elio Sgreccia v. 3. 9. 2004.

18   Ebenda.

Kapitel 5: Wenn Heiler töten

1   Siegmund, Norbert: Schwester Tod – Mord auf der Intensivstation. TV-Dokumentation, ausgestrahlt auf Phönix am 8.1.2008 um 22.15 Uhr.

2   Ebenda.

3   Ebenda.

4   Ebenda.

5   Ebenda.

6   Serial Killer, Angry at Sentencing Delay, Stops Cooperating. In: New York Times v. 11. 1. 2006.

7   Siegmund, Norbert: Schwester Tod – Mord auf der Intensivstation, a. a. O.
8   Ebenda.
9   Ebenda.
10 Yorker Beactrice / Kizer, Kenneth et al.: Serial Murder by
Healthcare Professionals. Journal of Forensic Sciences, vol. 51
(2006) S. 1362–1371.
11 Beine, Karl Heinz: Sehen, Hören, Schweigen. Patiententötungen und aktive Sterbehilfe. Freiburg 1998, S. 258 ff.
12 Beine, Karl Heinz (2007) a. a. O.
13 Madea, Burkhard / Püschel, Klaus: Dringende Notwendigkeit. In: Deutsches Ärzteblatt 103 (2006) A 914–918.
14 Ebenda.
15 Ebenda.
16 Ebenda.
17 Ebenda.
18 Brinkmann, Bernd et al.: Fehlleistungen bei der Leichenschau in der Bundesrepublik Deutschland. Ergebnisse einer multizentrischen Studie (I). Archiv Kriminologie 199 (1997) S. 1–12,
und Ders.: Fehlleistungen bei der Leichenschau in der Bundesrepublik Deutschland. Ergebnisse einer multizentrischen Studie
(II). Archiv Kriminologie 199 (1997) S. 65–74.
19 Jeder dritte Mord in Deutschland unentdeckt? (http://www.
tagesschau.de/inland/leichenschauen2.html).
20 Ebenda.
21 Beine, Karl Heinz (1998) a. a. O., S. 250.
22 Beine, Karl Heinz (2007) a. a. O.
23 Ebenda.
24 Klie, Thomas / Student, Johann Chr. (2007) a. a. O., S. 126.

Kapitel 6: Leben und Sterben lassen

1   Schumpelick, V. / Tittel, A. / Willis, S.: Klinische Sterbehilfe
im Alltag in Deutschland. In: Schumpelick, Volker (Hrsg.): Klinische Sterbehilfe und Menschenwürde. Ein deutsch-niederländi-
scher Dialog. Freiburg 2003, S. 217–225.
2   Klie, Thomas / Student, Johann Christoph (2007) a. a. O, S. 29.

3 Hurra, ich lebe noch! In: Süddeutsche Zeitung Magazin 51/2006, S. 8–17.

4 Ebenda.

5 Ebenda.

6 Ebenda.

7 Ebenda.

8 Sahm, Stephan: Sterbebegleitung und Patientenverfügung. Ärztliches Handeln an den Grenzen von Ethik und Recht. Frankfurt 2006, S. 14.

9 Du sollst nicht sterben. In: Die Welt v. 3. 5. 2000.

10 Ebenda.

11 Holthaus Stephan / Jahnke, Timo: Aktive Sterbehilfe – Ausweg oder Irrweg? Gießen 2008, S. 72.

12 Du sollst nicht sterben, a.a.O.

13 Sahm, Stephan / Simon, Steffen: Sterbebegleitung statt Sterbehilfe – die Debatte um die Grenzen der Medizin am Lebensende. In: Göring-Eckardt, Katrin (2007) a.a.O., S. 129–151.

14 Prat, Enrique H.: Therapiereduktion aus ethischer Sicht. Der besondere Fall der künstlichen Ernährung und der Flüssigkeitszufuhr. In: Imago Hominis 4/2006, S. 311–317.

15 Ebenda.

16 Schumpelick, V. / Tittel, A. / Willis, S. (2003) a.a.O.

17 Prat, Enrique H. (2006) a.a.O.

18 Ebenda.

Kapitel 7: Vorsorge oder Euthanasie auf Umwegen?

1 Student, Johann Christoph: Wie nützlich sind Patientenverfügungen. In: Zeitschrift für Lebensrecht 4/2004, S. 94–100.

2 Ebenda.

3 Gronemeyer, Reimer: Sterben in Deutschland. Wie wir dem Tod wieder einen Platz in unserem Leben einräumen können. Frankfurt 2007, S. 16.

4 BGH XII ZB 2/03 v. 17. 3. 2003.

5 Patientenautonomie am Lebensende. Ethische, rechtliche und medizinische Aspekte zur Bewertung von Patientenverfü-

gungen. Bericht der Arbeitsgruppe „Patientenautonomie am Lebensende" v. 10.6.2004 (http://www.bmj.bund.de/media/archive/695.pdf).

6 In Würde sterben. In: Die Tagespost v. 12.6.2004.

7 Sahm, Stephan (2006) a.a.O., S. 27.

8 Ebenda, S. 124ff.

9 Ebenda, S. 155.

10 Holthaus Stephan / Jahnke, Timo (2008) a.a.O., S. 118.

11 Du sollst nicht sterben, a.a.O.

12 Der evangelische Theologe und Bioethiker Prof. Dr. Ulrich Eibach berichtete am 15.11.2008 auf einer vom W.K.St.V. Unitas veranstalteten Podiumsdiskussion in Essen von entsprechenden Ergebnissen einer Umfrage, die er als Krankenhausseelsorger unter Ärzten des Universitätsklinikums Bonn durchgeführt hatte.

13 Wollen Sie Patienten zweiter Klasse sein? In: Frankfurter Allgemeine Zeitung v. 5.11.2004.

14 Ebenda, S. 129.

15 Was denken die Deutschen über Patientenverfügungen. November 2005 (http://www.hospize.de/ftp/tns_studie_05.pdf).

16 Nichts für Feiglinge. In: Die Tagespost v. 27.5.2008.

17 Ebenda.

18 Gesetz zur Sicherung der Autonomie und Integrität von Patienten am Lebensende (Patientenautonomie- und Integritätsschutzgesetz). Entwurf mit Begründung im Auftrag der Deutschen Hospiz Stiftung (http://www.hospize.de/docs/stellungnahmen/gesetz_01.pdf).

19 Würde, Achtung und Selbstbestimmung am Lebensende – Zur Problematik der Patientenverfügung. Broschüre der Christdemokraten für das Leben (CDL). Münster 2008, S. 6.

20 Student, Johann Christoph (2004) a.a.O.

21 Kein richtiges Leben im falschen. In: Die Tagespost v. 25.10.2008.

22 Sondervotum von Rainer Beckmann, Zwischenbericht „Patientenverfügungen" der Enquête-Kommission „Ethik und Recht der modernen Medizin" des Deutschen Bundestages. Bundestagsdrucksache 15/3700, S. 55ff. (http://dip21.bundestag.de/dip21/btd/15/037/1503700.pdf).

23 Ebenda.

24 Richter-Kuhlmann, Eva / Klinkhammer, Gisela: Pro & Kontra Gesetzliche Regelung von Patientenverfügungen. In: Deutsches Ärzteblatt 106 (2009) A 166–167.

25 Deutsche Bischofskonferenz: Stellungnahme zur Bundestagsdebatte zu Patientenverfügungen am 29. 3. 2007 (http://www.dbk.de/aktuell/meldungen/01322/).

Kapitel 8: Die Todesengel

1 So die Informationen auf der Homepage von „Dignitas" am 9.2.2008 (http://www.dignitas.ch/WeitereTexte/DIGNITATE_D_Aufnahme.pdf).

2 Wenn Sie das trinken, gibt es kein zurück. In: Der Tagesspiegel v. 29. 3. 2008.

3 Ebenda.

4 Der Todeskämpfer. In: Das Magazin 25/2008.

5 Wenn Sie das trinken, gibt es kein zurück, a. a. O.

6 Ebenda.

7 Justiz vermutet Eigennutz bei Dignitas. In: Neue Zürcher Zeitung am Sonntag v. 4. 1. 2009.

8 Ebenda.

9 Ebenda.

10 Der Todeskämpfer, a. a. O.

11 http://www.dignitas.ch/Taetigkeitsberichte/BERICHT%20 2004.pdf

12 Ebenda.

13 Ebenda.

14 Ebenda.

15 Ebenda.

16 Ebenda.

17 Der Todeskämpfer, a. a. O.

18 Ebenda.

19 Wenn Sie das trinken, gibt es kein zurück, a. a. O.

20 Exit – Vereinigung für humanes Sterben – Deutsche Schweiz (Hrsg.): „Selbstbestimmung im Leben und im Sterben." 4. Aufl., Zürich 2007.

21 Ebenda.

22 Ebenda.

23 Ebenda.

24 Exit Info 1/2008.

25 Ebenda.

26 Exit – Vereinigung für humanes Sterben – Deutsche Schweiz (Hrsg.): „Selbstbestimmung im Leben und im Sterben." 4. Aufl., Zürich 2007.

27 Der Freitod kostet bei Dignitas 5.900 Euro. In: Die Welt v. 16.11.2007.

28 Exit – Vereinigung für humanes Sterben – Deutsche Schweiz (Hrsg.): „Selbstbestimmung im Leben und im Sterben." 4. Aufl., Zürich 2007, sowie Exit Info 1/2008.

29 Exit Info 1/2008.

30 Exit – Vereinigung für humanes Sterben – Deutsche Schweiz (Hrsg.): „Selbstbestimmung im Leben und im Sterben." 4. Aufl., Zürich 2007.

31 So das Verwaltungsgericht Hamburg durch Beschluß v. 6.2.2008 (Aktenzeichen 8 E 3301/08).

32 Ebenda.

33 Ebenda.

34 Kaka-Wechsel nimmt Formen an. In: Rheinische Post v. 16.1.2009.

35 http://www.prosterbehilfe.de/

36 Verwaltungsgericht Hamburg durch Beschluß v. 6.2.2008 (Aktenzeichen 8 E 3301/08).

37 Ebenda.

38 Ebenda.

39 Ebenda.

40 Ebenda.

41 Ebenda.

42 Ebenda.

43 Ebenda.

44 Ebenda.

45 Ebenda.

46 Ebenda.

47 Ebenda.

48 Ebenda.

49 Dr. Roger Kusch Sterbehilfe e. V. Presseerklärung vom 6. Februar 2009.

50 Ich biete das nicht mehr an. In: Der Spiegel 9/2009.

51 Ebenda.

Kapitel 9: Menschenwürdig sterben

1 Leben im Lidschlag. In: Neue Zürcher Zeitung am Sonntag v. 24. 2. 2008.

2 García, José: Schmetterling und Taucherglocke. In: Lebens-Forum 4/2008, S. 27–29.

3 Leben im Lidschlag, a. a. O.

4 Präambel der Satzung der Deutschen Gesellschaft für Palliativmedizin, Bonn 2008.

5 Ebenda.

6 Ebenda.

7 Klie, Thomas / Student, Johann Christoph (2007) a.a.O., S. 145.

8 Müller-Busch, Christof: Gelingende Praxis – Palliativmedizin als Alternative zur Euthanasie. In: Göring-Eckardt, Katrin (2007) a.a.O., S. 171–194.

9 Präambel der Satzung der Deutschen Gesellschaft für Palliativmedizin, Bonn 2008.

10 Greiner, Swen / Knobloch, Detlef: Palliative Care. Schwerstkranke und sterbende Menschen würdevoll begleiten. In: Die Schwester – Der Pfleger 7/2006, S. 496–500.

11 Klie, Thomas / Student, Johann Christoph (2007) a. a. O., S. 145 ff.

12 Ebenda, S. 144 f.

13 Saunders, Cicerly: Watch with me. Inspiration for a life in hospice care, Mortal Press 2003.

14 http://www.haus-hoern.de

15 Schmerzfreies Sterben soll auch in Deutschland möglich sein. In: Die Welt v. 12. 8. 2002.

16 Keine Sterbe-, sondern Lebenshilfe. In: Die Tagespost v. 12. 4. 2008.

17 Stellungnahme der Deutschen Gesellschaft für Palliativmedizin zur Einrichtung von Lehrstühlen für Palliativmedizin an den medizinischen Fakultäten v. 10. 2. 2009.

18 Hibbeler, Birgit: Palliativmedizin im Studium: Berührungsängste abbauen. In: Deutsches Ärzteblatt (2007) 104, A 2036–37.

19 Zwischenbericht der Enquête-Kommission Ethik und Recht der modernen Medizin: Verbesserung der Versorgung Schwerstkranker und Sterbender in Deutschland durch Palliativmedizin und Hospizarbeit. Bundestagsdrucksache 15/5858, S. 19.

20 Keine Sterbe-, sondern Lebenshilfe, a. a. O.

21 Ebenda.

22 Stellungnahme der Deutschen Gesellschaft für Palliativmedizin zur Einrichtung von Lehrstühlen für Palliativmedizin an den medizinischen Fakultäten v. 10. 2. 2009.

23 Keine Sterbe-, sondern Lebenshilfe, a. a. O.

24 Die Betreuung sterbender Patienten ist in Deutschland häufig noch von blindem Aktionismus geprägt. In: Ärzte Zeitung v. 28.2.2002.

25 Ebenda.

26 Ebenda.

27 Einstellungen zur aktiven und passiven Sterbehilfe. Allensbacher Berichte 2008, Nr. 14.

28 Ebenda.

29 Schockierende Mehrheiten. In: Die Tagespost v. 7. 8. 2008.

30 Ebenda.

31 Ebenda.

32 Presseerklärung der Deutschen Gesellschaft für Palliativmedizin e.V., des Deutschen Hospiz- und Palliativ-Verbands e.V. und der Bundesärztekammer v. 28. 1. 2009.

33 Klie, Thomas / Student, Johann Christoph (2007) a. a. O., S. 188.

34 Dürfen Ärzte beim Sterben helfen? Die Kunst des Sterbens und die neue Religion „Gesundheit". In: PUR magazin 3/2009 S. 12–17.

35 Ebenda.

36 Holthaus, Stephan / Jahnke, Timo (2008) a. a. O., S. 112.

37 Klie, Thomas / Student, Johann Christoph (2007) a. a. O., S. 188.

38 Ebenda. S. 134.

39 Holthaus, Stephan / Jahnke, Timo (2008) a. a. O., S. 113.

40 Klie, Thomas / Student, Johann Christoph (2007) a. a. O., S. 135.

41 Gonzalo Herranz: Euthanasie – Gebote und Verbote der Sterbehilfe. In: Hans Thomas (Hrsg.): Menschlichkeit der Medizin. Herford 1993, S. 221–242.

Kapitel 10: Demenz

1 Baltes, Paul B.: Stellungnahme zur Altersforschung für den Ausschuß für Bildung, Forschung und Technologiefolgenabschätzung des Deutschen Bundestags vom 5. Juni 2002 (http://www.dvgg.de/docs/baltes.pdf).

2 Baier, Stephan: Kinderlos. Europa in der demographischen Falle. Aachen 2004, S. 16.

3 Vaupel, James W. / von Kistowski, Kristin G.: Die Plastizität menschlicher Lebenserwartung. In: Gruss, Peter (Hrsg.): Die Zukunft des Alterns. Die Antwort der Wissenschaft. München 2007, S. 51–78.

4 Ebenda.

5 Klie, Thomas / Student, Johann Christoph (2007) a. a. O., S. 178.

6 Mich erschüttert dieser Mann. In: Frankfurter Allgemeine Zeitung v. 21.2.2009.

7 Vaters Vergessen. In: Frankfurter Allgemeine Zeitung v. 4.3.2008.

8 Steinhagen-Thiessen, Elisabeth: Auch Demenzkranke haben ein Recht auf Therapie. Vortrag auf dem 4. Symposium der Alzheimer-Initiative in Berlin am 21. September 2002.

9 Ebenda.

10 Mich erschüttert dieser Mann, a. a. O.

11 Jens, Tilman: Demenz – Abschied von meinem Vater. München 2009, S. 13.

12 Ebenda.

13 Ebenda, S. 132 f.

14 Ebenda, S. 133.

15 Mich erschüttert dieser Mann, a. o. O.

16 Ebenda.

17 Ebenda.

18 Ebenda.

19 Ebenda.

20 Ebenda.

21 Jens, Inge: Ein Nachwort in eigener Sache. In: Walter Jens, Hans Küng: Menschenwürdig sterben. Erweiterte und aktualisierte Neuausgabe, München 2009, S. 199–211.

22 Jens, Tilman (2009) a. a. O., S. 141 f.

23 Jens, Inge (2009) a. a. O., S. 209.

24 Ebenda. S. 211.

25 Ebenda.

26 Mich erschüttert dieser Mann, a. a. O.

27 Jens, Tilman (2009) a. a. O., S. 13.

28 Nur Personen entwickeln die Eigenschaften von Personen. In: Die Tagespost v. 18.4.2003.

29 Pöltner, Günther: Achtung der Würde und Schutz von Interessen. In: Bonelli, Johannes (Hrsg.): Der Mensch als Mitte und Maßstab der Medizin (Medizin und Ethik Bd. 1). Wien 1992, S. 3–32.

Kapitel 11: Wir haben (noch) immer die Wahl

1 Kaster, Georg (2009) a. a. O., S. 238 f.

2 Die Kunst des Sterbens. In: Süddeutsche Zeitung v. 5./6.7.2008.

3 Ebenda.

Richard John Neuhaus

Als ich im Sterben lag

Gedanken auf dem Totenbett – die „Letzten Dinge" persönlich erlebt: Richard John Neuhaus, einer der profiliertesten Katholiken der USA, war durch eine schwere Krebserkrankung und zahllose Operationen soweit, daß er nicht mehr leben wollte. In diesem Buch erzählt er, warum er an der Grenze zum Tod dennoch das Leben wählte. Die Schilderung seiner persönlichen Erfahrung bezieht philosophische, psychologische und naturwissenschaftliche Aspekte, Poesie, Literatur und Theologie mit ein.

Richard John Neuhaus

Als ich im Sterben lag

SANKT ULRICH VERLAG

ISBN 978-3-86744-005-9
gebunden, 160 Seiten